ERNST FRIES

# ERNST FRIES

## Heidelberg 1801 – 1833 Karlsruhe

Kurpfälzisches Museum der Stadt Heidelberg

28. Oktober 2001 – 13. Januar 2002

KEHRER VERLAG HEIDELBERG

© 2001   Kurpfälzisches Museum der Stadt Heidelberg,

Kehrer Verlag Heidelberg und die Autoren

**Herausgeber**

Frieder Hepp und Annette Frese

**Konzeption der Ausstellung**

Annette Frese

**Restaurierung**

Angelika Bauer-Herold

Jochen Koch

Monika Urbanczyk

**Öffentlichkeitsarbeit**

Ulrike Pecht

**Verwaltung**

Ulf Gummert

Anita Wagner

**Technik**

Günter Ferdinand

Jürgen Weis

**Sekretariat**

Monika Stahl

**Umschlagabbildung**

Ernst Fries

Ruinen der Villa Adriana bei Tivoli, 1826

**Gestaltung und Gesamtherstellung**

Kehrer *com* Heidelberg

(Teresa Peyret)

**Verlagslektorat**

Katrin Zuschlag

Dieses Katalogbuch erscheint

anlässlich der Ausstellung »Ernst Fries.

Heidelberg 1801 – 1833 Karlsruhe«

im Kurpfälzischen Museum der

Stadt Heidelberg vom 28. Oktober 2001

bis zum 13. Januar 2002.

Kurpfälzisches Museum der Stadt Heidelberg

Hauptstraße 97 / 69117 Heidelberg

Telefon 06221 – 583400/583402

Die Deutsche Bibliothek

– CIP-Einheitsaufnahme

Ernst Fries. Heidelberg 1801 – 1833 Karlsruhe :

Kurpfälzisches Museum der Stadt Heidelberg,

28. Oktober 2001 – 13. Januar 2002 ;

[anlässlich der Ausstellung

»Ernst Fries. Heidelberg 1801 – 1833 Karlsruhe«] /

[Hrsg.: Frieder Hepp und Annette Frese]. -

Heidelberg : Kehrer, 2001

ISBN 3 – 933257 – 72 – 7

**Kehrer Verlag Heidelberg**

# INHALT

# VORWORT

Als »Dreigestirn der romantischen Malerei in Heidelberg« bezeichnete Karl Lohmeyer, Direktor des Kurpfälzischen Museums von 1911 bis 1934, die drei in der Neckarstadt gebürtigen Maler Carl Philipp Fohr (1795 – 1818), Carl Rottmann (1797 – 1850) und Ernst Fries (1801 – 1833). In Heidelberg, das nach der Auflösung der ehemaligen Kurpfalz im Reichsdeputationshauptschluss von 1803 nunmehr unter badischer Oberhoheit als Universitätsstadt zu neuem Leben erwachte, erlebten die drei jungen Künstler ein einzigartiges Zusammenspiel kultureller, wissenschaftlicher und gesellschaftlicher Strömungen, das die Entfaltung ihrer künstlerischen Schaffenskraft ungemein begünstigte. Weithin bekannte Gelehrte, darunter der Homerübersetzer Johann Heinrich Voß (1751 – 1826), die Mythenforscher Friedrich Creuzer (1771 – 1858) und Joseph Görres (1776 – 1848), der Jurist Anton Friedrich Thibaut (1772 – 1840) oder der Theologe Heinrich Eberhard Paulus (1761 – 1851), prägten ebenso das geistige Klima der Stadt wie die nun verstärkt der reorganisierten Universität zuströmenden Studenten aus den verschiedenen Ländern Deutschlands. Sie und die in ihrem Gefolge nach Heidelberg kommenden Dichter, Schriftsteller und Verleger entfalteten ein bis dato nicht gekanntes bürgerlich akademisches Leben in der Stadt und begründeten so den Ruf Heidelbergs als ein Zentrum der deutschen Romantik.

Die Zeichnungen, Aquarelle und Gemälde von Ernst Fries gehören neben den Porträtzeichnungen von Carl Philipp Fohr und den Landschaftsdarstellungen von Carl Rottmann zu den herausragenden Beständen des Kurpfälzischen Museums. Darüber hinaus zählen sie zu den wichtigsten Zeugnissen romantischer Kunst in Deutschland überhaupt. Mit der Ausstellung »Carl Philipp Fohr und seine Künstlerfreunde in Rom« hat das Kurpfälzische Museum 1995, anlässlich des 200. Geburtstages des Künstlers, eine neue Beschäftigung mit der Heidelberger Romantik eingeleitet. Angeregt von Dr. Jörn Bahns, Direktor des Museums von 1978 bis 1996, folgte in Zusammenarbeit mit den Bayerischen Staatsgemäldesammlungen und der Kunsthalle der Hypo-Kulturstiftung München im Jahr 1997 die Ausstellung »Carl Rottmann. Hofmaler König Ludwigs I.« Die Ausstellung »Ernst Fries«, gleichfalls zu dessen 200. Geburtstag realisiert, schließt diesen Zyklus ab, der nicht nur die Breite der romantischen Strömungen, sondern auch die überragende Stellung der drei einzigartigen und untereinander doch so verschiedenen Künstlerpersönlichkeiten deutlich macht.

Neben dem Dank an Frau Oberbürgermeisterin Beate Weber und die Mitglieder des Heidelberger Gemeinderates für die ideelle und finanzielle Unterstützung danken wir allen Leihgebern und zahlreichen Museumskollegen und -kolleginnen für die anregende Zusammenarbeit und Bereitschaft, sich für die Dauer der Ausstellung von ihren Exponaten zu trennen. Dr. Sigrid Wechssler, ehemalige Leiterin des Kupferstichkabinetts des Kurpfälzischen Museums, gebührt der Dank für die wissenschaftliche Aufarbeitung des Fries'schen Œuvres, das sie im Heidelberger Kehrer Verlag, der auch den Ausstellungskatalog betreut, veröffentlicht hat. Im Hause ist vor allem und ganz besonders Dr. Annette Frese Dank und Anerkennung zu zollen. Sie hat ihre Kompetenz gewinnbringend in alle drei Ausstellungen des »Heidelberger Dreigestirns« eingebracht und mit Unterstützung von Angelika Bauer-Herold, der Restauratorin der grafischen Abteilung, die Ausstellung »Ernst Fries« zum 200. Geburtstag realisiert.

*Frieder Hepp*

# EINLEITUNG

Ernst Fries, dem neben Carl Philipp Fohr und Carl Rottmann sicher bedeutendsten Heidelberger Künstler der ersten Hälfte des 19. Jahrhunderts hat das Kurpfälzische Museum bereits 1927 eine kleine Präsentation gewidmet und 1975 seine Werke aus eigenem reichen Bestand monographisch vorgestellt. Mit dem von Sigrid Wechssler im Jahre 2000 vorgelegten und ca. 780 Arbeiten umfassenden Werkverzeichnis konnte zum 200. Geburtstag des Künstlers eine Werkschau mit Leihgaben zusammengestellt werden wie bereits im Falle Carl Rottmanns 1997 geschehen.

Die für die Jubiläumsausstellung ausgewählten Werke der Jugend- und Ausbildungszeit, der voritalienischen Zeit bis 1823, der Zeit seines Italienaufenthaltes 1823 bis 1827 und der nachitalienischen Zeit bis zu seinem Tode 1833 sollen einen facettenreichen Überblick über das Werk von Ernst Fries geben, der wie seine Freunde Fohr und Rottmann in seiner Geburtsstadt Heidelberg zwar im geistigen Klima der Romantik aufwuchs, sich aber zunehmend als realistischer Landschaftsbeobachter und -erfasser zu erkennen gab.

In ihrem »Nota Bene: Ernst Fries« betitelten Katalogbeitrag versucht sich Sigrid Wechssler in Ermangelung überlieferter autobiographischer Aufzeichnungen des Künstlers seiner Persönlichkeit über Eintragungen in seinen Skizzenbüchern zu nähern. Enthalten diese doch neben den reichen künstlerischen »Mitschriften« seiner Reisen auch akribische Auflistungen der dabei entstandenen Ausgaben. Diese große Genauigkeit und Gewissenhaftigkeit in Geldangelegenheiten verrät sicher eine Prägung durch das Elternhaus, das ihm einen langjährigen Studienaufenthalt in Italien ermöglichen konnte, wie er in seinem Bewerbungsschreiben zum Hofmaler 1831 ausdrücklich hervorhebt. Die folgenden Beobachtungen zu dem peripheren Bereich seiner Porträtzeichnungen, die Fries bis zu seinem frühen Tod wohl nie in Lithographien oder Gemälde umzusetzen beabsichtigte, verstehen sich ebenfalls eher als Annäherung an die Privatperson Fries und lassen im Vergleich zu Carl Philipp Fohrs überragender Fähigkeit im Erfassen des Physiognomischen auch die gänzlich andere Künstlerpersönlichkeit erkennen. Seinem eigentlichen Hauptbetätigungsfeld widmen sich die anschließenden Beiträge. Während Uwe Heckmann sich grundlegend mit der »idealen Stadtlandschaft Heidelberg« und ihrer künstlerischen Auseinandersetzung durch das »Dreigestirn« der Heidelberger Landschaftsmalerei beschäftigt, wobei Fries sich in Zeichnungen, Aquarellen, Gemälden und Lithographien am intensivsten diesem Thema widmete, untersucht Helmut Börsch-Supan in seinem bereits 1996 für das Liber Amicorum von Jörn Bahns entstandenen

Beitrag die 1830 gemalte »Italienische Ideallandschaft«, die zu den wenigen großformatigen Werken des Künstlers rechnet. In einem weiteren Aufsatz stellt Uwe Heckman zwei im Werkverzeichnis noch nicht aufgenommene Gemälde des Künstlers vor, die als Auftragsarbeiten des Hamburger Senators M. J. Jenisch entstanden und Anfang der 30er-Jahre des 19. Jahrhunderts als Pendants für seine Sammlung moderner Meister angekauft wurden. Domenico Riccardi hebt in seinem Text die nicht selten von den konventionellen klassischen Motiven und Blickwinkeln seiner Künstlerkollegen abweichende Sicht von Ernst Fries auf die italienischen Landschaften hervor, die dem Genre und der folgenden Künstlergeneration neue Darstellungsmodi und Themen erschließen half. Und schließlich beleuchtet Anja-Maria Roth das Verhältnis des Zeichners und Malers zur Druckgraphik, der nach seiner Ankunft in Rom, wohl entmutigt von den ihn überwältigenden neuen Eindrücken, noch bescheiden beabsichtigte, seinen Lebensunterhalt als Lithograph zu verdienen.

*Annette Frese*

# »IHM GLEICHEND BRINGT DIE ZEIT UNS KEINEN WIEDER«

## Zur Biographie von Ernst Fries

*Annette Frese*

Adam Friedrich Carl Ernst Fries wurde am **22. Juni 1801** in Heidelberg als zweites von 15 Kindern geistig aufgeschlossener und wohlsituierter Eltern geboren, die ihm – wie seinen jüngeren Brüdern Bernhard und Wilhelm, die ebenfalls Maler wurden – eine sorgfältige Erziehung und alle denkbare finanzielle Unterstützung boten.[1]

Im großbürgerlichen musischen Elternhaus verkehrte über zwei Jahrzehnte die gesellschaftliche Elite der Stadt, Professoren der Universität wie die klassischen Philologen Johann Heinrich Voß und Georg Friedrich Creuzer, Dichter wie Achim von Arnim und Clemens Brentano und Künstler wie Carl Kuntz, Christian Koester, George Augustus Wallis und Friedrich Rottmann. Goethe besuchte das Haus an der Rohrbacher Chaussee bei Gelegenheit seines Aufenthaltes in Heidelberg 1814, im darauffolgenden Jahr auch Zar Alexander von Russland und Kaiser Franz von Österreich. Zu den geistigen und kulturellen Voraussetzungen für den Werdegang des jungen Landschaftsmalers gehörten die von namhaften Dichtern besungene und von der Natur begünstigte Lage Heidelbergs im Neckartal, der Ruf seiner 1803 wieder eröffneten alten Universität, der die Stadt mit der berühmten Schlossruine zu einem Zentrum geistiger und literarischer Romantik machte und das Vorhandensein dreier bedeutender Privatgemäldesammlungen als künstlerische Bildungsstätten ersten Ranges: Die Kunstsammlung des eigenen Vaters, des Krappfabrikanten und Bankiers Christian Adam Fries, enthielt neben Aquarellen, Handzeichnungen, Kupferstichen und Lithographien eine stattliche Sammlung niederländischer Malerei des 17. Jahrhunderts und zeitgenössischer Landschaftsmalerei. Darunter waren zwölf Gemälde des für die fast gleichaltrigen jungen Heidelberger Romantiker Carl Philipp Fohr, Carl Rottmann und Ernst Fries so einflussreichen Schotten George Augustus Wallis. Von 1810 bis 1819 befand sich die bedeutende Sammlung der Brüder Boisserée als vorübergehender Anziehungspunkt für viele auswärtige Besucher in Heidelberg und umfasste altdeutsche und altniederländische Malerei. Und schließlich besaß der Verlagsbuchhändler Christian Friedrich Winter, der die Schriften der Heidelberger Romantiker veröffentlicht hatte und mit dem die Familie Fries ebenso freundschaftlich verkehrte wie mit Sulpiz Boisserée, eine altdeutsche Gemäldesammlung am Orte.

**Ab etwa 1810** erhielt Ernst Fries vermutlich ersten künstlerischen Unterricht im Schwarz'schen Erziehungsinstitut für Knaben beim Universitätszeichenlehrer Friedrich Rottmann – wie bereits dessen Sohn Carl und Carl Philipp Fohr. Mangels eines höheren Akademiebetriebes in Heidelberg fand die handwerkliche Weiterbildung von Ernst Fries **1815** außerhalb Heidelbergs statt – zunächst für ca. sieben bis acht Monate in Karlsruhe beim dortigen Hofmaler und Radierer Carl Kuntz, bei dem er nach zeichnerischen und druckgraphischen Vorlagen kopierte, in kleinem Format landschaftliche Motive in Blei realistisch zu erfassen lernte und sich die Technik virtuoser Tuschlavierung erarbeitete.

**1817/1818** unternahm er zusammen mit Freunden Wanderungen in die landschaftlich reizvolle Heidelberger Gegend und hielt dabei das Gesehene mit spitzem Bleistift und in zierlich gezeichneten Konturen fest.

Am 2. März **1818** schrieb er sich für ca. fünf Monate an der Münchner Akademie ein und betrieb Landschaftszeichnen unter Wilhelm von Kobell und Figurenzeichnen nach Antiken bei Robert von Langer. Im August nach Heidelberg zurückgekehrt, folgten seine ersten Versuche im lithographischen Medium, das in Deutschland noch nicht sehr verbreitet war und das er möglicherweise bei Nepomuk Strixner in München erlernt hatte.

**1818/1819** nahm er auf Wunsch des Vaters noch ein Studium der Optik und Perspektive beim Oberbaurat Georg Moller in Darmstadt auf, wo Fries in den Kreis der Maler um Heinrich Schilbach und Carl Sandhaas aufgenommen wurde, die ihn in Verbindung mit den Studenten der sog. »Darmstädter Schwarzen« brachten.

**1819/1820** lithographierte er eine 6-teilige Folge Heidelberger Schlossansichten in Kreide mit Tonplatten. Seine lithographischen Arbeiten sollten ein ständiger finanzieller Rückhalt für ihn werden und manifestierten sich in verschiedenen Aufträgen für Graphikverleger. So erschien 1823 beim Heidelberger Verleger Joseph Engelmann ein umfangreiches Album mit Kupferstichen – »Malerische Ansichten des Rheins, der Mosel, des Haardt und des Taunusgebürges« in 72 Blättern –, zu dem Ernst Fries neben anderen Künstlern Vorlagen geliefert hatte. Auch in seinen letzten Jahren blieb Fries als Lithograph tätig, so veröffentlichte er 1829/30 eine 6-teilige Folge von Ansichten des Stiftes Neuburg bei Heidelberg. Der Besitzer des Stiftes, Rat Fritz Schlosser, ein Neffe von Goethes Schwager, der das Anwesen zu einem kulturellen Zentrum und Treffpunkt nazarenischer Künstler machte, schenkte dem Frankfurter Dichter ein Blatt der Serie, worauf dieser den Autor in einem Dankesbrief von 1830 als geschickt bezeichnete.[2]

Die künstlerische Entwicklung von Ernst Fries vollzog sich bis 1823, dem Beginn seines langjährigen Aufenthaltes in Italien, vom Zeichnen nach Vorlagen zum selbständigen Arbeiten, wobei ihn Landschafts-, Bildnis- und Figurenzeichnen zunächst gleichermaßen beschäftigten. Immer dominanter wurde jedoch das Studium in der freien Natur.

So unternahm Fries im Frühjahr **1819** in Begleitung von Freunden ausgedehnte Wanderungen in die Darmstädter Umgebung, den Odenwald, den Taunus, im Sommer durch

ABB. 1 = Kat. Nr. 85

Ernst Fries

Selbstbildnis, 1828

(WVZ 562)

das Rhein- und Moseltal, im Frühsommer **1820** bei seinem zweiten Aufenthalt in München durch Bayern und das Salzburger Land, **1821** in die Schwäbische Alb, an den Rhein, nach Oberbayern und ins Berchtesgadener Land, **1822** an den Genfer See und ins Wallis. Seinen Skizzenbüchern und Zeichnungen aus dieser Zeit ist das Bemühen um die Erfassung bekannter Örtlichkeiten mit ihren charakteristischen Architekturen in akribischer Bauaufnahme und landschaftlicher Schönheiten in panoramaartigen Fern- und Gesamtansichten ablesbar. Bezeichnend ist dabei die für die Frühromantik so bestimmende feinteilige Linienstrukturierung. Zugleich vertiefte sich Fries in vielen Studien nahsichtig in botanische Details und geologische Formationen der ihn umgebenden Gebirgswelt. Zwar lag in der Landschaftszeichnung erkennbar seine eigentliche Begabung, doch unternahm er ab 1820 auch erste Versuche in der Ölmalerei.

Im September **1823** brach Ernst Fries zusammen mit Johann Heinrich Schilbach und den Brüdern Rist – wie so viele deutsche Künstler vor und nach ihm – nach Italien auf, wo er sich dank seiner gesicherten finanziellen Lage fast vier Jahre lang aufhalten, wie nur wenige das Land intensiv durchwandern und sich die fremde Landschaft zeichnend, aquarellierend und malend aneignen konnte. Die Hinreise führte durch Bayern, Tirol und Norditalien – über Meran, Bozen, Verona, Vicenza, Padua, Venedig, Ferrara, Bologna, Florenz – bis nach Rom, wo er am 13. November eintraf und eine Wohnung in der Nähe der Spanischen Treppe nahm. Fries fand Anschluss an die deutsche Malerkolonie um Joseph Anton Koch, er besuchte die geselligen Zusammenkünfte im Café Greco und die Feiern der Deutschrömer – den Karneval und die Cervara-Feste –, die Ateliers der arrivierten Künstler Koch, Rebell, Catel, von Rohden, Horny, Reinhold, Schnorr von Carolsfeld und Overbeck und verkehrte freundschaftlich mit Hübsch, Wagner und Richter. Dieser charakterisierte 1824 Ernst Fries in seinen »Lebenserinnerungen eines deutschen Malers« als »höchst talentvoll« und beschrieb sein Aussehen und seine Wesensart: »Er galt für den schönsten jungen Mann unter den deutschen Künstlern in Rom, eine imposante Gestalt, frischen und heiteren Wesens, in allen körperlichen Uebungen gewandt, ein guter Fechter, Schwimmer und Reiter.«

Von Rom aus unternahm der junge Heidelberger tagsüber Streifzüge in die nahegelegene römische Campagna und abends besuchte er eine von Johann David Passavant eingerichtete »Accademia«, ein gemietetes Lokal, in dem gemeinsam nach Akten gezeichnet wurde. **1824** beschäftigte er sich mit Ölmalerei, und es entstand seine erste Freilichtölskizze. Er hielt sich im Sommer in den Albaner Bergen und in der Serpentara auf – in Albano, Ariccia, im Park der Villa Chigi, in Nemi, Frascati, Castel San Pietro, Palaestrina, Olevano – und erarbeitete sich die fremde Landschaft in Skizzen und Zeichnungen. Vedutenhaft sachliche Aufnahmen bekannter antiker Bauwerke stehen neben topographisch getreuen Landschaften, die skizzenhaft angelegt und partiell bis ins Kleinste durchgezeichnet sein können. Im Frühjahr **1825** arbeitete er in Rom und der Campagna und im Sommer durchstreifte er unermüdlich zeichnend und aquarellierend Umbrien, die Toskana und die Apuanischen Alpen – Terni, Papigno, die Wasserfälle des Velino, Spoleto, Perugia, Florenz. Hier besuchte er die berühmten Kunstsammlungen und Sehenswürdigkeiten der Stadt und reiste über Pisa und Lucca nach Massa, wo er mit dem bereits aus der Heidelberger Zeit bekannten Wallis zusammentraf, in dessen Atelier er seine Fertigkeiten in der Ölmalerei – vor allem in der neuen Technik mit Asphaltfarben – vervollkommnete und in der Folge zu einem gelösteren Stil fand. Intensiv arbeitete Fries in der Gegend von Massa und Serravezza, er reiste nach Genua, La Spezia und im Herbst nach Terzano, Pagiano und an den Bolsener See.

Im Frühjahr **1826** arbeitete Fries in Rom und unternahm von hier aus ausgedehnte Ausflüge in die Umgebung – nach Bracciano, Ronciglione, Caprarola, Viterbo, an den Bolsener See, nach Orvieto, Castiglione, Amelia, Narni, Papigno, Otricoli und zusammen mit dem Franzosen Edouard Bertin nach Civita Castellana, wo sie mit Camille Corot zusammentrafen und -arbeiteten. Durch Corot erhielt Fries Anregungen zu Ölstudien in der Natur, wie umgekehrt dieser mit seinen durchgeführten Zeichnungen auf Corot eingewirkt zu haben scheint. Im Sommer brach Fries nach Süditalien auf in die Umgebung von Neapel – Laricia und Terracina, wo er Quartier bezog, den Vesuv erstieg, Pompeji besuchte, Gragnano, Cerola, Ravello, Amalfi, Salerno, Eboli, Roboli, Procida, Ischia, Cuma, Bajae, Pozzuoli, Sorrent, Amalfi und Capri. Hier entdeckte er zusammen mit dem Dichter August Kopisch die Blaue Grotte wieder, in der beide Zeichnungen für spätere Gemälde machten; im Herbst reiste Fries von Neapel nach San Germano, Cassino, Carnello, Isola di Sora, Casamari, Frosinone, Olevano, Subiaco und Tivoli, wo er Gelegenheit fand, die von ihm favorisierten Motive von Höhlen, Grotten und Wasserfällen ausgiebig zu studieren. Er traf mit Carl Rottmann zusammen, der kurz zuvor in Italien angekommen war.

In den letzten beiden Jahren seines Italienaufenthaltes vollzog sich die Wandlung vom Linearen zum Malerischen. Fries war auf dem Höhepunkt seiner Zeichenkunst angekommen, an die Stelle des spitzen Bleistiftes trat der malerisch eingesetzte Graphit und großzügig verfahrende Pinsel: Er arbeitete vor allem in Aquarell und Öl und entdeckte seine ausgesprochen koloristische Begabung. Kontinuierlich von vorn nach hinten entwickelte weiträumige Landschaftskompositionen in eigener Bildsprache entstanden, mit denen er das gängige Vedutenschema des 18. Jahrhunderts zu verlassen begann, wobei die wenigen bildmäßig ausgeführten Aquarelle von bekannten Ansichten italienischer Landschaften und Bauten mit Blick auf spätere Gemäldefassungen entstanden. Auch koloristische Vermerke in teilaquarellierten Blättern, in denen er die Wirkung des Sonnenlichtes studierte und weiche, tonige Farbübergänge entwickelte, deuten auf die geplante Ausführung in Öl nach seiner Rückkehr aus Italien. Es überwog das Interesse an der sachlichen Erforschung der realen Umgebung, d. h. vor allem der genauen optischen Registrierung und feinsten malerischen Umsetzung von Farb- und vor allem Licht-Phänomenen. Die Natur insgesamt erscheint als Inkarnation des Lichtes und sein künstlerischer Schwerpunkt liegt in der ungekünstelten, exakten Porträtierung dieser naturgegebenen Gesamterscheinung von Landschaft ohne weitere Überhöhung durch romantische Stimmungseffekte.

Vermutlich im Frühsommer **1827** kehrte Fries nach Heidelberg zurück, ordnete sein umfangreiches italienisches Studienmaterial und porträtierte seine Angehörigen und Freunde zeichnerisch. **1828** arbeitete er vor allem in der heimatlichen Umgebung, wie Ansichten des Schlosses und des Neckartales bei Stift Neuburg belegen, und begann

Motive seiner italienischen Zeichnungen in Gemälde umzusetzen, wobei solchen Auftragsarbeiten und beim Publikum beliebten Ansichten eher konventionelle Bildschemata zugrunde liegen. Wie viele deutsche Künstlerkollegen reiste Fries aus Anlass des 300. Todestages von Albrecht Dürer am 6. April nach Nürnberg, um am Dürerfest teilzunehmen. Er lernte seine künftige Ehefrau, die evangelische Pfarrerstochter Louise Stockhausen aus Neckargemünd kennen, mit der er **1829** eine Familie gründete und bald danach für zwei Jahre nach München übersiedelte. Dort arbeitete Fries vornehmlich an Gemälden und beschickte damit die Kunstvereinsausstellungen in München, Karlsruhe, Düsseldorf und Hamburg, wo sie allgemein wegen ihrer Objektivität bei den Zeitgenossen auf große Resonanz stießen und bei den Kritikern in der Kunstliteratur zunehmende Beachtung fanden. Er unternahm Wanderungen in die Alpen und traf vermutlich erneut mit Carl Rottmann zusammen.

Fries war ein bereits etablierter Künstler, als er nach eigenem Gesuch am **28. April 1831** vom Badischen Großherzog Leopold zum Hofmaler ernannt wurde. Das Paar zog aus diesem Anlass im Sommer des Jahres nach Karlsruhe um und Fries verbrachte die letzten zwei Jahre seines Lebens abwechselnd in Karlsruhe, Heidelberg und Baden-Baden. Nun zeichnete und aquarellierte er wieder in der Natur, wovon seine Skizzenbücher beredtes Zeugnis ablegen, und malte zugleich eine Reihe italienischer Landschaften nach seinem umfangreichen Studienmaterial; so fand man nach seinem Tode auf der Staffelei ein Aquarell der »Augustusbrücke bei Narni« vor. **Am 11. Oktober 1833** erlag der junge Künstler, der auch während seines Italienaufenthaltes häufig von Fieberattacken heimgesucht wurde, einem Scharlachfieber. Er wurde in seiner Geburtsstadt auf dem Peterskirchhof beigesetzt; später überführte man seine sterblichen Überreste auf den Bergfriedhof. Sein Heidelberger Malerfreund Christian Koester schrieb einen anrührenden Nekrolog für ihn, dessen 15-strophiges Gedicht »Zum Andenken an Ernst Fries« mit den Zeilen »Ihm gleichend bringt die Zeit uns Keinen wieder« endet: »Seine Bilder waren frisch und gesund, vernünftig und wahrhaftig; nichts Gesuchtes, nichts Phantastisches; nicht barock, keine Schwindeleien; er steuerte glücklich und mit vollen Segeln an den Klippen der Zeit vorüber.«[3]

Der durch seinen frühen Tod jäh abgebrochene künstlerische Werdegang von Ernst Fries reicht von der Romantik zum malerischen Frührealismus. Zwar kam er wie seine beiden Heidelberger Künstlerfreunde von der Gedanken- und Gefühlswelt der Romantik, doch während der sechs Jahre jüngere Carl Philipp Fohr seine Landschaften mit romantisch-historisierender Staffage aus der Märchen- und mittelalterlichen Sagenwelt besetzte und der drei Jahre jüngere Carl Rottmann als Entdecker der sog. historischen Landschaftsmalerei apostrophiert wird, ist die Naturauffassung bei Ernst Fries am sachlichsten und die Landschaft nicht länger Stimmungsträger.

**Anmerkungen:**

1   Die biographische Zusammenstellung basiert auf den Angaben von Curt Gravenkamp, Ernst Fries. 1801 – 1833. Sein Leben und seine Kunst. Phil. Diss. Frankfurt/Main 1925; Elisabeth Bott, Ernst Fries (1801 – 1833). Studien zu seinen Landschaftszeichnungen. Diss. Heidelberg 1976, Leverkusen 1978 und Sigrid Wechssler, Ernst Fries (1801 – 1833). Monographie und Werkverzeichnis, Heidelberg 2000.

2   Bott 1978, S. 50 und Anm. 244.

3   Christian Koester, Zerstreute Gedanken-Blätter über Kunst. Heft II. Heidelberg 1834 (wieder abgedruckt in Ausst. Kat. Heidelberg 1927, S. 2 – 14). Der Text stellt die früheste Quelle für die Vita von Ernst Fries dar.

# NOTA BENE: ERNST FRIES

*Sigrid Wechssler*

Es ist bedauerlich, dass sich von Ernst Fries wenig eigenhändig Schriftliches zu Persönlichkeit und künstlerischem Schaffen erhalten hat. Das Tagebuchfragment von 1823/24, das noch Curt Gravenkamp 1925 für seine Dissertation zu Fries vorlag, ist verschollen.[1] Gravenkamps Zitate und Zusammenfassungen aus dem Tagebuch beschränken sich verständlicherweise auf Passagen, die seine kunsthistorischen Darlegungen ergänzen oder anschaulicher machen. Sie wurden zum großen Teil in die Monographie der Verfasserin zu Fries übernommen.[2]

Allerdings dienten die im Format Kleinoktav und Sedez erhaltenen Skizzenbücher seiner Hand dem Künstler nicht nur als Skizzen-, sondern auch als Notiz- und vor allem Ausgabebücher.[3] Aufschlussreich sind dabei besonders die Skizzenbücher II bis V (WVZ 742 – 745) für seine Reise an den Rhein 1819 und seine Reise nach und seinen Aufenthalt in Italien 1823 – 1827.

Skizzenbuch III von 1823 bis 1825 enthält außer einer kurzen Reiseroutenbeschreibung die Aufstellung der Gesamtkosten von Heidelberg bis Ferrara mit 62 Gulden und von Ferrara nach Rom mit 17 scudi. Gewissenhaft trägt der Künstler seine persönlichen Ausgaben ein – für Mahlzeiten, Übernachtungen, eine Kanalfahrt in Venedig oder einen Theaterbesuch in Florenz. In Rom mietet er ein Zimmer für 4 scudi im Monat, ein Eselsritt von Palestrina nach Olevano 1824 kostet ihn 1 scudi 4, die Pension in Olevano 17 scudi 11 baiocchi für 32 Tage; 14 Tage in Civita Castellana erfordern 6 scudi und 6 Paoli, für den sechswöchigen Aufenthalt in Sorrent, Amalfi und Capri muss er täglich $6^{1/2}$ carlini rechnen. Führer, die Gepäck oder Malutensilien auf einem Esel befördern, erhalten ca. 1 Paoli für die Tour. Die Ausgaben des Künstlers für Modelle im Winter 1823/24 in Rom mit $2^{1/2}$ scudi lassen erkennen, dass er sich noch nicht eindeutig entschieden hatte, ob die Landschaftsmalerei oder das Porträt sein künstlerischer Schwerpunkt werden würden. Eine Widmung zum 1824 entstandenen »Brustbild Signora Nina Gismondi« (Abb. 2) enthält den Dank des Künstlers an seine Wirtin für die Pflege während seiner Krankheit von Dezember 1824 bis Mai 1825 in Rom. Es handelte sich um das »römische Fieber«, wohl Lungenfieber, das viele Deutsche gerade in der Hauptstadt befiel. In Skizzenbuch III sind die Ausgaben für Ärzte und Apotheker festgehalten: Ende August 1824 in Frascati »dem Parguier 5 Paoli 4 baiocchi, dem Doctor 3 scudi« und noch einmal in Olevano im September »dem Arzt 2 scudi 2 Paoli«. In Rom war Fries im-

mer noch unpässlich, so dass sich Kronprinz Ludwig von Bayern, nach München zurückgekehrt, in einem Brief vom 24. März 1825 an Johann Martin von Wagner erkundigt: »Was macht des Malers Fries Gesundheit, dessen Brust?« Am gleichen Tag berichtet von Wagner dem Kronprinzen, Fries sei abgereist nach Florenz »bloß seiner Gesundheit wegen, da er des leidigen Fiebers nicht loßwerden konnte«[4]. Aber auch während des Sommeraufenthaltes in Massa hat er am 1. August einen Fieberanfall; er bezahlt für zwei Apotheker und zwei Ärzte zusammen 1 Nap: d'or und 41 scudi.

Im Skizzenbuch IV von 1824/25 gibt es neben einer Reihe von Studien zu einer Frau in Straßenkostüm mit Federhut männliche Modelle mit umgehängtem, weitem, faltenschlagendem Mantel. Ein solcher wurde 1820 von Johann Gottlob von Quandt der Künstlerhilfskasse in Rom geschenkt und durch deren Kleiderkammer den Künstlern zu Mantelstudien gegen Gebühr verliehen, eine lohnende Einnahme für die Kasse. Im Winter 1825 hat Fries wieder Auslagen für Modelle, die ihm zu Studien für die figürliche Staffage des Gemäldes »Landschaft im Latinergebirge« von 1825 (Kat. Nr. 42, WVZ 258) dienen und von denen einige (Abb. 3, WVZ 261, WVZ 263) in das Gemälde einfließen.

Im Skizzenbuch V von 1826 notiert er für die Reise von Rom nach Neapel im Veturino 6 scudi. Dort angekommen, kauft er Karten von Neapel und Umgebung für 12 carlini, Zeichenpapier und ein Zeichenbuch für 2 ducati, 6 carlini und 4 grani. Die Fahrt von Neapel nach Paestum und zurück kostet ihn 7 ducati, der sechswöchige Aufenthalt in Sorrent, Amalfi und Capri pro Tag etwa 6 1/2 carlini.

\*

Außer den kompositorischen und technischen Erläuterungen zu dem kleinen Aquarell »Landschaftskomposition mit Motiven aus der Umgebung von Rom« von 1825 (Kat. Nr. 41, WVZ 257 verso) sind als authentische schriftliche Zeugnisse von Ernst Fries die Bewerbung zum Hofmaler oder Akademieprofessor an Großherzog Leopold von Baden erhalten und außerdem ein Brief an seine Schwester Marie Thilo, geb. Fries. Dieser lässt erkennen, dass der Künstler selbst seine Biographie in drei Lebensabschnitte unterteilte: seine Kindheit bis zum 14. Lebensjahr, die folgende 13-jährige Ausbildung mit dem in Italien erreichten künstlerischen Höhepunkt und der anschließenden Etablierung als

Landschaftsmaler in Deutschland und als dritten Abschnitt das Leben in Baden als Hofmaler in der Nähe seiner Eltern in Heidelberg.

Die »Vorstellung und Bitte« an Großherzog Leopold vom 23. April 1831 enthält neben der Bewerbung solche autobiographischen Details: »Seit meiner Jugend dem Studium der Maler=Kunst ausschließlich gewidmet, habe ich es, ohne dem Staat zur Last zu fallen, durch die alleinige Unterstützung meines Vaters, eine lange Reihe von Jahren im Auslande, besonders auch eine lange Zeit in Italien und deßen claßische Städten, zur Vollendung zu bringen gesucht. Dieses dreizehnjährige Studium und Reisen hat meinen Vater 8 bis 9000 fl gekostet, ungeachtet zur Reise nach Italien mir einst Hundert und fünfzig Gulden gnädigst verabreicht worden. Ob es mir gelungen ist, vorzüglich in der Landschaftsmalerey, einen Grad der Vollkommenheit zu erreichen, ... darüber mögen meine ... Arbeiten und der Ruf den sie mir erworben entscheiden ... Ob schon ich das Glück habe durch namhafte Bestellungen auf der unternommenen Kunstreise nach München bis

jetzt hinlänglich beschäftigt zu seyn und verbreitende Arbeiten und günstige öffentliche Urtheile darüber, mir Anträge vornehmlicher Stellen zu ziehen werden, so müsste mir doch über alles gehen in meinem Vaterlande zu wohnen und demselben vorandern meine vorzüglichsten Dienste zu widmen; nachdem ich so viele Jahre des Studium der Kunst, durch fleisige Benutzung aller Mittel, vornehmlich der welche Italien darbietet, getrieben und dieses von der Vorsehung so glücklich gesegnet worden, daß meine Arbeiten überall ungetheilter Beifall zu Theil wird. Mit der Tochter des Pfarrers Stockhausen von Neckargemünd vermählt und jetzt glücklicher Familien Vater geworden, möchte ich mich nun auch alssolcher bleibend niederlaßen. Daß dieses in meinem Vaterlande möge geschehen können, ist mehr als je ... mein heißester Wunsch.«

Der Brief von Fries an seine Schwester Marie in Halle ist der Verfasserin durch einen glücklichen Umstand zur Kenntnis gekommen. Er datiert vom 29. September 1831. Außer rein familiären Mitteilungen schreibt Fries: »Mit meiner Anstellung in Carlsruhe (Fries wurde am 29. April 1831 zum badischen Hofmaler ernannt) ist zwar die Möglichkeit des Wiedersehens (mit seiner Schwester) näher gekommen; nach Halle mit Frau und Kind zu reißen, scheint mir aber so schwierig, daß mich auf Euer Hierherkommen vertrösten muß. Von Carlsruhe aus werden wir uns dann sogleich hier einfinden. Mit dem Anfange meines Aufenthaltes in Carlsruhe beginnt der 3t wichtige Abschnitt meines Lebens, doch ich kann Dir bis jetzt nur soviel davon sagen, daß ich dieser Tage mir dort eine Wohnung suche, um mit Frau und Kind möglichst bald in Ordnung und

Thätigkeit zu kommen, da trotz allen guten Vorsätzen hier nichts gearbeitet werden kann.«

Zur Wohnungssuche in Karlsruhe sind im Skizzenbuch VII von 1828 bis 1833 (WVZ 747) Adressen vermerkt wie Stephanienstraße, Neue Waldstraße, Zähringer Straße u. a. Auch die Beschaffung von neuen Möbeln wie Sofa, Stühlen, Ottomane, Arbeitstischlein, Nähkästchen, Bettladen und Nachtkästchen ist dort vermerkt, jeweils mit mehreren Preisangaben.

*

Bekannte und beliebte Örtlichkeiten in Rom und Italien wurden, wie heute noch, unendlich oft von deutschen Landschaftsmalern, -zeichnern und -stechern im Bild festgehalten. Fries machte da keine Ausnahme. Da die Stipendien oder Pensionen, die die in Italien weilenden Künstler von ihren Landesfürsten erhielten, meist sehr knapp waren, bot sich ihnen auf diese Weise die Gelegenheit, etwas zu ihrem Lebensunterhalt dazuzuverdienen. Oft saßen sie gemeinsam in kleinen Gruppen eng beisammen, um einen solchen touristenwirksamen Blick wiederzugeben. Es mag daher erstaunen, dass auch Ansichten, die nicht in das gängige Fremdenrepertoire gehörten, verschiedene Künstler gleichermaßen anzogen. So haben Camille Corot und Ernst Fries im Mai 1826 die Ansicht einer Schlucht bei Civita Castellana vermutlich am gleichen Tag gezeichnet (Abb. 4).[5] Corot erfasst sie in zarten Bleistiftumrisslinien, kaum mit Binnenzeichnung und Schatten in stärkeren und schwächeren Schraffuren, während die Lichtpartien durch stehengelassenes Papier gekennzeichnet sind. Fries dagegen aquarelliert seine Ansicht (WVZ 308). Auch er lässt für die Lichtpartien den Papierton sprechen, doch Plastizität und Perspektive sind raumfüllender erfasst und das Kastell von Civita Castellana schließt deutlich den Horizont ab. Ein anderes Beispiel ist die seltenere Ansicht einer Partie von Piano di Sorrento, die sowohl Fries als auch Johann Martin von Rohden gezeichnet haben.[6] Fries baut die Ansicht mit flüchtig angedeutetem Vordergrund, sorgfältig ausgeführtem Mittelgrund mit ansteigendem Gelände, Architektur und Bäumen und mit abschließender Bergkulisse im Hintergrund auf. Plastische Modulation von Bäumen und Bewuchs entstehen durch weiche Schraffuren von dünnerem und stärkerem Strich; ein diagonal geführter Weg und Geländeeinschnitt führen in die Tiefe. Johann Martin von Rohden, der sechs Jahre später als Fries die Gegend besucht hat, hat die Ansicht in einer Zeichnung von 1832 vom selben Standpunkt aufgenommen. Der Bildaufbau ist der gleiche wie bei Fries. Auch der diagonal geführte Weg und der schluchtartige Geländeeinschnitt sollen der Ansicht Tiefe bringen, doch der Raumeindruck wirkt flächig. Fries notiert in seinem Tagebuchfragment kritisch, Rohdens Darstellungen seien »geistlos und sclavisch«, wohl eine zu scharfe jugendliche Kritik.

*Civita Castellana*   *Jean Baptiste Corot*

In der Literatur zu Ernst Fries wird öfter auf seine Freundschaft mit Corot angespielt, vor allem in Hinblick auf die Freilichtmalerei als einem Novum für deutsche Künstler. Tatsache ist, dass Ölstudien in der Natur für deutsche und skandinavische Landschaftsmaler in Rom nichts Unbekanntes waren. Christoffer Wilhelm Eckersberg, Johann Martin von Rohden, Franz Ferdinand Oehme, Carl-Wilhelm Götzloff z. B. haben schon vor Fries und dem Aufenthalt in Italien von Corot 1825 – 1827 solche Studien betrieben. Der Vorzug der Ölstudien besteht darin, dass auf Malpapier oder -karton ohne Untermalung mit Ölfarbe gearbeitet werden kann. Außerdem ist der Transport des Bildträgers leichter. Einen zusätzlichen Gewinn stellt die unmittelbare Naturwiedergabe in ihrer ganzen Frische und Ursprünglichkeit dar. Die Umsetzung einer solchen Naturstudie in ein Atelierbild kann verfolgt werden bei Corots Gemälde »Die augusteische Brücke bei Narni«.[7] Von Fries sind bisher solche Umsetzungen in Atelierbilder nicht bekannt. Die Freundschaft zwischen Fries und Corot war sicher nur eine lockere, denn beide arbeiteten nur 14 Tage im Mai 1826 in Civita Castellana zusammen. Dagegen scheint die Verbindung zu Edouard Bertin enger gewesen zu sein. In seinem Skizzenbuch V (WVZ 745) hat Fries notiert, dass er am 30. Mai 1826 in Civita Castellana von Bertin 6 scudi leiht, die er bei seinem kurzen Aufenthalt in Rom im Juni Ernst Welker hinterlegt, der sie Bertin zurückerstatten soll. Am 11. September übergibt Fries 20 Piaster an Bertin für einen Mr. Martin. Möglicherweise handelt es sich bei ihm um Abbé Martin de Noirlieu, einen Freund von Philipp Veit. In Tivoli leiht Fries wieder von Bertin 2 scudi 2 Paoli 5 baiocchi, in Rom dann 1 doppio weniger 1 scudo. Gewissenhaft trägt Fries auch die Begleichung der Schulden ein.

Anmerkungen:

1  Curt Gravenkamp, Ernst Fries. 1801 – 1833. Sein Leben und seine Kunst. Phil. Diss. Frankfurt/Main 1925.

2  Sigrid Wechssler, Ernst Fries (1801 – 1833). Monographie und Werkverzeichnis, Heidelberg 2000.

3  Zu den Skizzenbüchern von Fries s. Wechssler 2000, WVZ 741 – 749, S. 358 – 360.

4  Zit. nach G. Scheffler, Kunstchronik, Heft 7, 2001, S. 303.

5  Peter Galassi, Corot in Italien. Freilichtmalerei und klassische Landschaftstradition, München 1991, S. 186, Abb. 235; Wechssler 2000, WVZ 308.

6  Wechssler 2000, WVZ 357; J. M. v. Rohden, Ausst. Kat. hrsg. v. M. Heinz, Neue Galerie Kassel 2000, S. 168 m. Abb.

7  P. Galassi 1991, S. 168, Abb. 220; S. 170, Abb. 203.

# ERNST FRIES ALS PORTRÄTIST

*Annette Frese*

1828, ein Jahr nach seiner Rückkehr aus Italien, hielt sich Ernst Fries wieder in Heidelberg auf, wo er das von Franz Hanfstaengl nach seinem Tode lithographierte bekannte Selbstbildnis in Blei und Kohle auf gelblichem Papier zeichnete (Abb. 1). Es entspricht dem von Ludwig Richter in seinen »Lebenserinnerungen eines deutschen Malers« entworfenen Bild des »höchst talentvollen« Künstlers, der in Rom »für den schönsten jungen Mann unter den deutschen Künstlern« galt und »frischen und heiteren Wesens« war. Das in leichter seitlicher Drehung vor neutralem Hintergrund erscheinende Brustbild konzentriert sich ganz auf den Kopf, das offene Gesicht mit den klaren Augen, das über dunkel schraffiertem leicht aufgestelltem Jackenkragen und hoher Halsbinde in hellem Bildlicht liegt. Der Landschaftskünstler Fries gibt sich damit auch als guter Porträtist zu erkennen, der sich zeitlebens aber nur selten mit der Bildniskunst auseinander setzte und dies ausschließlich als Zeichner und nur für den privaten Familien- und Freundeskreis.

Frühe Figurenskizzen, in denen das Genrehaft-Erzählerische im Vordergrund steht, finden sich vor allem in seinen ersten beiden Skizzenbüchern von 1819 bis 1822, in denen der junge Künstler häufig seine ruhenden oder schlafenden Reisegefährten als offensichtlich geduldige Modelle in knappen Zeichnungen festhielt. Es sind spontane Beobachtungen, die Witz und zugleich freundschaftliche Sympathie für die von den Reisestrapazen erschöpften, meist in vollständiger Kleidung und mit Schuhen ins Bett gesunkenen Freunde erkennen lassen. Diese sind nicht immer namentlich zu identifizieren, wie z. B. ein anonymer Reisegenosse, der mit angewinkelten Beinen und über den Kopf gelegtem Arm in einem recht kurzen Bettkasten ruht[1], oder zwei in einem engen »zweischläfrigen Bett« auf dem Rücken und auf der Seite liegende junge Männer, von denen einer seine Beine entspannt auf den Körper des anderen gelegt hat[2]. Um seinen Reisegefährten Heinrich Schilbach handelt es sich vermutlich in der 1822 skizzierten Szene eines auf einem Bett ausgestreckten schlafenden jungen Mannes, hinter dem wiederum ein zweiter, tief in eine Decke vergrabe-

**ABB. 5** = Kat. Nr. 23
Ernst Fries
Schlafender junger Mann
auf Bett ausgestreckt, 1822
(WVZ 126)

25

ner Künstlerfreund – Carl Sandhaas oder Karl Hecht – liegt (Abb. 5). Schilbach ruht auf weichen Kissen mit aus dem Bett weit gespreizten Beinen und auf Sitzfläche und Lehne eines Stuhles gestellten Füßen.

Vor dem Motiv eines geöffneten Fensters – wie 1815 in Carl Philipp Fohrs nahezu am Beginn seiner Bildniskunst stehenden aquarellierten Porträtfederzeichnung »Der junge Engländer«[3], wo der Blick des Betrachters durch ein geöffnetes Oberlicht auf das Heidelberger Schloss gelenkt wird – porträtierte Fries fünf Jahre später den Reisebegleiter und Maler Joseph Weber (Abb. 6). Lässig auf einen schräg gestellten Stuhl hingegossen, posiert dieser mit hintereinander gestellten Füßen, den Arm auf das rückwärtige Fensterbrett aufgestützt. Hier wird der Blick aus dem karg angedeuteten Interieur auf eine städtische Architektur gelenkt, die bei Fries in für ihn charakteristischer Weise selbst bei großer Entfernung, äußerst feinteilig ausgearbeitet, auch in seinen Landschaftsaufnahmen immer erhöhte Aufmerksamkeit erfuhr. Das breitgelagerte städtische

Bauwerk hinter dem Fenster erscheint wie die realistische Umkehrung des romantischen Topos vom Blick aus dem Fenster in eine nicht näher definierte sehnsuchtserfüllende Ferne, wie Fries ihn fast zitathaft zeitgleich in der eindrucksvollen Tuschlavierung eines im verlorenen Profil am offenen Fenster stehenden Mannes mit Hut formuliert hat (Abb. 7).

Eher karikaturhaft zu nennen sind in den ersten Skizzenbüchern zeichnerische Beobachtungen wie die zu einem korpulenten Gasthauswirt oder die in Albano auf einem zierlichen Stuhl gewichtig sitzende, hochbusige Italienerin, die Fries mit einer das gesamte Körperprofil umfahrenden Linie erfasst hat.[4]

Doch auch in den folgenden Jahren sind seine Porträtstudien eher erzählerisch ausformuliert. So hielt er auf blaugrundigem Papier vermutlich den konzentriert arbeitenden Freund Heinrich Schilbach in einer Zeichnung von 1822/23 fest.[5] Sie zeigt ihn in einem durchfensterten Innenraum tief über eine Kupferplatte gebeugt beim Stechen. Bildwitz verrät die 1825 entstandene Aufnahme des auf einer Trittleiter zeichnenden Genre- und Bildnismalers Heinrich Schwalbe,[6] den Fries neben vielen seiner Künstlerkollegen in Rom in seinem Atelier besuchte. In Anspielung auf den erhöhten Sitz des Freundes wählte er die Zuschrift »Wie Schw(albe) fühlend«.

Solche Zeichnungen der Künstlerfreunde beschränken sich nicht auf das Physiognomische wie die mit nazarenischer Ernsthaftigkeit und Strenge aufgenommenen überragenden Porträts der sogenannten Café Greco-Serie seines Heidelberger Künstlerkollegen Carl Philipp Fohr, die in ein programmatisches romantisches Freundschaftsbild einmünden sollten. Bei Ernst Fries nähert sich diesem auch im Zeichenstil nazarenischen Ansatz allenfalls die 1823 minutiös angelegte Zeichnung der drei Verlegerbrüder Artaria aus Mannheim, bei denen auch er einige seiner Ansichten verlegen ließ (Abb. 8).

Darstellungswürdig wird für den jüngeren Landschaftszeichner Fries dagegen der Akt des künstlerischen Arbeitens selbst – vor und in der Natur –, wie es unter den deutschen Künstlern in Italien immer wieder gemeinsam in engem Beieinandersein betrieben wurde. Es sind genrehafte Freundschaftsbilder, hinter denen das physiognomische Interesse zurücktritt. Zu ihnen zählt die fast quadratische Bleistiftzeichnung »Carl Sandhaas, bei Berchtesgaden zeichnend« von 1821 (Abb. 9), die den über seinen Skizzenblock gebeugten Künstler nahezu mittig vor einer zum Hintergrund abfallenden Landschaft im Bild platziert. Als sicher prominentestes Beispiel für diese »Freundschaftsbilder« ist das fünf Jahre später in Civita Castellana entstandene und nahsichtig erfasste Profilbildnis des Franzosen Jean Baptiste Corot (Abb. 4) anzuführen. Der Landschaftsmaler sitzt ebenfalls auf einem Feldstuhl, hat aber den mit einer Schildmütze bedeckten Kopf auf seinen Arm gestützt, um konzentriert beobachtend in die Ferne zu blicken. Die mit weichem Bleistift in lockeren Schraffuren ausgeführte Zeichnung wirkt kraftvoll und in der Beherrschung der Körperhaltung wesentlich fortgeschritten.

Wenn Fries auch ein vertieftes Eindringen in die Physiognomie seines Gegenübers offensichtlich weniger interessierte, so gelang es ihm doch, die jeweilige Persönlichkeit und charakterliche Gestimmtheit zeichnerisch zu erfassen, wie ein Vergleich des weiß gehöhten, nahsichtigen en face und leicht nach links gewendeten Porträts seines 14-jährigen Mannheimer Vetters Karl Fries mit der Aufnahme des 21-jährigen, nun selbstbewussten und mit markanten Gesichtszügen in leichter Untersicht porträtierten Mannes erhellt.[7]

In leichter Dreivierteldrehung legte Fries seine Porträts gern als Brustbilder an, mit denen sich eher die Möglichkeit der Beschreibung individueller Kleidung ergab, wie z. B. im »Brustbild Friedrich Schwarz im Halbprofil nach links blickend« in Blei von 1820 (Kat. Nr. 13) oder in der im gleichen Jahr entstandenen Zeichnung des mit leicht gesenktem Kopf und starrem Blick auf einem Stuhl sitzenden Studenten »August Kolb« (Abb. 10). Als erzählerisches Moment trägt dieser seinen Arm in einer Schlinge, deren virtuos wiedergegebene Knotung um den Hals den Zeichner Fries offensichtlich reizte.

Es haben sich überwiegend männliche Porträts von der Hand des Künstlers erhalten, doch im selben Jahr, in dem er sein Selbstbildnis schuf, porträtierte Fries auch seine junge Braut Louise Stockhausen, eine Pfarrerstochter aus Neckargemünd, mit der er nach seiner Heirat im folgenden Jahr nach München übersiedelte (Kat. Nr. 86). Die etwas glatte Kohlezeichnung der träumerisch aufblickenden jungen Frau mit gelockter hochgesteckter Haartracht und üppigem weißen Kleiderkragen bleibt jedoch in ihrer auf äußere Ähnlichkeit bedachten Wirkung an der Oberfläche und in der Ausdruckskraft deutlich hinter dem eigenen Porträt zurück, das er seiner Braut zu Weihnachten 1828 zum

Geschenk machte. Eher unverbindlich bleiben auch viele seiner italienischen Frauenporträts, bei denen ihn wohl oft die jeweiligen Kleider- oder Haartrachten mehr beschäftigten als individuelle Gesichtszüge wie z. B. die Kopfbedeckung im »Brustbild der Domenica« von 1826[8] vermuten lässt oder der aufgesteckte geflochtene Haarkranz der im Halbprofil leicht über die Schulter blickenden »Mariuccia«, die den Betrachter aus offenen Augen verhalten lächelnd fixiert[9]. Größere künstlerische Ausdruckskraft besitzen seine Porträts älterer Frauen, wobei sich das mütterlich sorgenvolle Antlitz der mit einer zarten Haarhaube bekleideten Wirtin Gismondi (Abb. 2), die den über Monate von Fieberanfällen heimgesuchten Fries in Rom pflegte, sich im zarten zeichnerischen Vortrag deutlich vom energisch und offen blickenden Porträt der kulturinteressierten Mutter Louise Christine Fries, Tochter des Administrations- und Kirchenrates Heddäus, unterscheidet. Fries hielt sie in einer Kreidelithographie von 1828 zusammen mit seinem Vater am Kaffeetisch sitzend fest.[10]

**ABB.** 10 = Kat. Nr. 12

Ernst Fries

Porträt August Kolb, 1820

(WVZ 62)

**Anmerkungen:**

1    Skizzenbuch II, S. 7, WVZ 742, vgl. Wechssler 2000, S. 17, Abb. 6.

2    Skizzenbuch II, S. 26, WVZ 742, vgl. Wechssler 2000, S. 17, Abb. 7.

3    Kurpfälzisches Museum, Inv. Nr. Z 2002, vgl. A. Frese, Zu Carl Philipp Fohrs Porträtzeichnungen, in:
     Carl Philipp Fohr und seine Künstlerfreunde in Rom. Ausst. Kat. Kurpfälzisches Museum der Stadt Heidelberg
     1995, S. 12.

4    Skizzenbuch II, S. 36, WVZ 742, vgl. Wechssler 2000, S. 18, Abb. 8 und Skizzenbuch III, S. 12, WVZ 743,
     vgl. Wechssler 2000, S. 29, Abb. 23.

5    Wechssler 2000, WVZ 127.

6    Wechssler 2000, WVZ 232.

7    Wechssler 2000, WVZ 104 und WVZ 581.

8    Wechssler 2000, WVZ 302.

9    Wechssler 2000, WVZ 424.

10   Wechssler 2000, WVZ 773.

# »DIE STADT IN IHRER LAGE
UND MIT IHRER GANZEN UMGEBUNG
HAT [...] ETWAS IDEALES«

Heidelberg-Ansichten von Carl Philipp Fohr,
Carl Rottmann und Ernst Fries

*Uwe Heckmann*

Die beeindruckende Naturkulisse der Heidelberger Stadtlandschaft avancierte um 1800
zu einem bevorzugten Gegenstand literarischer und bildkünstlerischer Werke. Dichter
und Künstler ließen sich immer wieder von der einzigartig in die landschaftliche Natur
eingebetteten Lage der Neckarstadt und ihrer geschichtsträchtigen Ruine inspirieren.[1]
In zahlreichen literarischen und künstlerischen Zeugnissen wurde die »Grenzverwi-
schung zwischen Natur und materialisierter Historie«[2] als das Besondere der Heidelberger Topographie thematisiert. Die Schlossruine konnte in ihrem Zusammenspiel mit
der landschaftlichen Umgebung sowohl die Erfahrung Architektur gewordener Geschichte vermitteln als auch den Genuss einer malerischen Kulturlandschaft gewähren.[3]
Es verwundert daher nicht, dass gerade dieses topographische Gesamtensemble die Entstehung einer Landschaftsmalerei in Heidelberg begünstigte, die diesem anschaulichen
Zusammenspiel von Natur, Kunst und Geschichte Rechnung trägt, wie Karl Lohmeyer
1935 in seiner grundlegenden Monographie über die »Heidelberger Maler der Romantik« hervorhebt: »Das Entstehen der romantischen Malerei in Heidelberg ist auf das
engste mit der Landschaft verbunden, die die Stadt umfängt. Und die Landschaft war es
auch, die immer in dieser Kunst vornean stand. – In dem weichen, wahrhaft klassischen
und südlichen Schwung der Höhenzüge mit dem Blick in die weite, lichte Ebene, hatte
die Natur das Musterbeispiel eines idealen Landschaftsbildes geschaffen. – Dazu tat
dann noch das Ihrige die zu Stein erstarrte Romantik der über der Stadt, am Eingang
eines felsig-waldigen Tales hängenden, umgrünten Schloßruine [...] Und das ist es, was
der Heidelberger Landschaft ihr besonderes historisches Gepräge nun einmal gibt, der
über aller klassischen Formenschönheit immer eine sanfte Melancholie anhaftet und
die mit alledem die schönste Anregung zur künstlerischen Gestaltung bietet.«[4] Diese
Einschätzung der »klassischen Formenschönheit« der Heidelberger Topographie teilt
Lohmeyer mit einem prominenten Gast der Neckarstadt – Johann Wolfgang von Goethe, der im Tagebuch seiner dritten Schweizer Reise aus dem Jahr 1797 eine detaillierte

Beschreibung der landschaftlichen Verhältnisse Heidelbergs liefert und daran seinen Begriff der Ideallandschaft entwickelt. Er hebt seinen Bericht mit den bekannten Worten an: »Ich sah Heidelberg an einem völlig klaren Morgen, der durch eine angenehme Luft zugleich kühl und erquicklich war. Die Stadt in ihrer Lage und mit ihrer ganzen Umgebung hat, man darf sagen, etwas Ideales, das man sich erst recht deutlich machen kann, wenn man mit der Landschaftsmalerei bekannt ist und wenn man weiß, was denkende Künstler aus der Natur genommen und in die Natur hineingelegt haben.«[5] Die Natur selbst ist an diesem Ort zum idealen Bild geworden, und dies erkennt man umso mehr, je besser man mit den formalen Prinzipien der Landschaftsmalerei vertraut ist. Denn die Aufgabe des Künstlers ist es, das Bild einer Landschaft in einem Prozess der Auslese und des Zusammenfügens zu begreifen und die mannigfaltigen Natureindrücke zu einer vollkommenen Einheit zusammenzufassen. Dies die Forderung Goethes an den »denkende[n] Künstler«, der in Heidelberg die besten natürlichen Voraussetzungen vorfindet, da diese Stadt von sich aus ein Ensemble bildet, das wie ein Bild wirkt. An diesem Ort nähern sich die Ansichten von verschiedenen Seiten »dem Ideal, das der Landschaftsmaler aus mehreren glücklichen Naturlagen sich in seiner schaffenden Phantasie zusammenbildet«, wie er in einem Brief mitteilt.[6] Den Idealbildcharakter Heidelbergs erkennt er darin, dass auf einem verhältnismäßig schmalen Raum Hänge und Flachland, Berg und Tal, Wald- und Flusslandschaft mit den »ernsten Halbruinen« des Schlosses und einer Fülle von Häusern sowie einer »schöne[n] Brücke« vereinigt sind.[7] In einer dynamischen Blickbewegung, die vom rechten Neckarufer aus von Osten nach Westen erfolgt, erlebt er den Ort als ein ideales Fernbild, in dem die architektonische Erscheinung der Stadt und die natürlichen Linienbewegungen des sie umgebenden Landschaftsraumes ein sich harmonisches Gegen- und Miteinander herstellen. Goethe betrachtet die individuelle Naturschönheit Heidelbergs im Bildschema der idealen Landschaftsmalerei des 17. und 18. Jahrhunderts. In diesen Bildkonzepten, die in der Kunstgeschichte vor allem von Claude Lorrain und Nicolas Poussin entwickelt wurden und die über das 18. bis ins 19. Jahrhundert hinein wirksam waren, verbinden sich – verkürzt gesagt – die Vielfalt und Gegensätzlichkeit der natürlichen und architektonischen Erscheinungswelt zu einer harmonischen Einheit. Ziel ist ein »Idealzustand des Natürlichen [darzustellen], den es in Wirklichkeit zwar nicht gibt, aber geben könnte.«[8] Die formalen Elemente dieser Bildgestalt sind ein erhöhter Standpunkt, eine Rahmung des bühnenmäßigen Vordergrundes durch Repoussoirmotive, eine perspektivische Staffelung der Bildgründe und ein Landschaftsausschnitt, in dem meist architektonische Versatzstücke sowie eine erzählerische Staffage in einer effektvollen Beleuchtungssituation wiedergegeben sind und der den Ausblick in eine weite Ferne gewährt. Die Heidelberger Landschaft bietet Ansichten, die solchen Bildkompositionen nicht nur entgegenkommen, sondern geradezu entsprechen, sobald die »Regelmäßigkeit und Klassizität [ihres]

Aufbaues« begriffen wird.[9] Jens Christian Jensen beschreibt diesen Zusammenhang zwischen klassischem Bildschema und dem Heidelberger Landschaftsprospekt dementsprechend pointiert: »Heidelberg entsprach so genau der bevorzugten Bildgestalt der Bildungslandschaft in den Jahrzehnten von 1770 bis um und nach 1800, daß es sich wie selbstverständlich in die vorgedachte ideale Paßform fügen ließ [...] Die Landschaftsmalerei des letzten Viertels des 18. Jahrhunderts hatte die Augen für die Idealität der Situation Heidelbergs eröffnet.«[10] Es ist daher kein Zufall, dass Goethe die topographische Lage Heidelbergs mit der Tradition der klassisch-idealen Landschaftsmalerei verband und gerade dort seine »Erfahrung des Idealen als Realität«machte.[11]

Die Neckarstadt war zwar seit den ersten Chroniken und Kosmographien im 16. Jahrhundert immer wieder Gegenstand von bildlichen Darstellungen geworden, doch ihre landschaftlich reizvolle Lage wurde in diesen Ansichten nur selten erfasst.[12] Die Vedute, d. h. die detailgenaue Wiedergabe der Stadt und der konkreten Topographie, sollte vielmehr ein bildliches Dokument liefern, in dem das historisch und politisch Bedeutsame des Ortes zur Darstellung kam. Topographisch-architektonische Bestandsaufnahmen versuchten das Ganze des Heidelberger Stadtbildes frontal, von unterschiedlich hohen Standpunkten und fast ausschließlich in der Nordansicht präzise zu erfassen.[13] Diese nahezu kanonische Darstellungsform wurde um 1800 in Heidelberg durch die Entdeckung des klassischen Aufbaus der landschaftlichen Bühne erweitert. Es kam zu einer folgenreichen Verbindung jener beiden Tendenzen, die Gerda Kircher als grundlegend für die badische Landschaftsmalerei des frühen 19. Jahrhunderts herausgestellt hat: Vedute und Ideallandschaft, aus denen die romantische Stimmungskunst ihre Elemente bezog und eine neue Bildgestalt begründete, »die Dichtung und Wahrheit, Idee und Wirklichkeit zu einer neuen Form zu verbinden« wusste.[14] Nun war nicht mehr die Nordansicht der Stadt von vorrangigem Interesse, sondern gewählt wurde überwiegend die Perspektive von Osten. Von diesem erhöhten Standpunkt östlich des Schlosses rückten nicht nur dessen effektvolle Silhouette ins Blickfeld, sondern auch die atmosphärischen Licht- und Farbphänomene der Rheinebene. Damit ermöglichte er den Künstlern eine bildmäßige Gestaltung der Heidelberger Landschaft, in der ihr »historisches Gepräge«[15] und die klassisch anmutende Linienschönheit ihres Aufbaues mit der »Dramatik der wechselnden Himmelsbühne«[16] in der Ebene eine ideale Verbindung einzugehen vermochte. Gerade diese bildlogisch neu zu begründende Einheit von topographischer Treue und klassischem Bildschema führte in Verbindung mit der Darstellung der stimmungsvollen Licht- und Wettererscheinungen in der fernen Ebene zur Entwicklung der spezifisch romantischen Heidelberg-Ansicht von Osten. Im folgenden soll anhand ausgewählter Werke von Carl Philipp Fohr, Carl Rottmann und Ernst Fries beschrieben werden, wie die Entdeckung des klassisch-idealen Charakters der Heidelberger Landschaft in Verbindung mit der Wiedergabe von atmosphärischen Licht- und

Farbphänomenen bei den genannten Künstlern zu je eigenen Bildlösungen führte. Hierbei beschränken sich die Ausführungen auf das »Dreigestirn«[17] der Heidelberger Landschaftsmalerei und bemühen sich um eine differenzierende Beschreibung ihrer Bildfindungen. Aus der Fülle von Heidelberg-Darstellungen wurde eine exemplarische Folge von Ostansichten gewählt, die nur bei Ernst Fries durch vergleichbare und vorbereitende Darstellungen aus seinem Œuvre ergänzt werden sollen.[18]

Zunächst gilt es noch die Bildschöpfung eines Malers vorzustellen, der durch seinen Aufenthalt in der Neckarstadt entscheidende Impulse an die dort tätigen Maler vermittelte – George Augustus Wallis, der 1812 nach Heidelberg kam und dort bis 1817 blieb.[19] Zahlreiche Skizzen und Zeichnungen aus der Heidelberger Umgebung drücken seine Suche nach Landschaftsausschnitten aus, die zwar den klassizistischen Kompositionsprinzipien entsprechen, mit ihrem Interesse an atmosphärischen Lichtphänomenen aber schon auf ein wesentliches Element der romantischen Bildkunst verweisen. Er schuf insgesamt fünf Gemälde, die Stadt und Schloss Heidelberg in unterschiedlichen, extremen Licht- und Witterungssituationen zeigen.[20] Den künstlerischen Auftakt bildete ein Gemälde mit der Ansicht des Schlosses von Osten, das er 1812 schuf. Im Sinne einer idealisierten Vedute verzichtet Wallis auf das Erscheinungsbild der Stadt, nur die Alte Brücke ist im rechten Bildmittelgrund zu sehen. Ihn interessiert einzig die Schlossruine, deren architektonischen Baukörper und topographische Lage er korrekt wiedergibt. Der Blick auf die Ruine fällt von einem erhöhten Standpunkt, wodurch diese sich aus einem dunkel gehaltenen Vegetationssockel majestätisch vor der lichterfüllten Ebene erhebt. Die streifenartige Schichtung der Bildgründe, der Repoussoirbaum rechts und die den bühnenmäßigen Vordergrund belebende, idyllische Tierstaffage lassen die klassizistische Provenienz seines Bildaufbaus erkennen. Das meteorologische Schauspiel am Himmel bildet einen spannungsreichen Kontrast zu dieser Ausgewogenheit der Komposition. Als effektvoller Höhepunkt der Bildinszenierung hebt es die Ansicht aus dem Vedutenmäßigen heraus in eine phantastische Sphäre. Denn die Himmelsbeleuchtung mit den nach einem Gewitter aufgerissenen und seitlich abziehenden Wolkendecken hinterlegt die Ruine wie eine Lichtfolie und lässt ein fast visionär anmutendes Naturschauspiel entstehen. Durch den erhöhten Standpunkt sowie durch das Beleuchtungsspektakel und die dadurch auf den Gegenständen entstehenden flüchtigen Farb- und Lichtspiele wird die melancholische Hoheit der Ruine unterstrichen und ein besonderer Ausdrucksgehalt der Landschaft zur Geltung gebracht. Auf der Grundlage einer eher traditionellen Kompositionsstruktur lassen die Inszenierung des Baukörpers inmitten einer dynamisch verstandenen Natur und die Übersteigerung der Farbwerte durch ein außergewöhnliches Lichtphänomen die Darstellung schon zu einer »Stimmungslandschaft romantischer Prägung« werden.[21] Mit ihrer subtilen maltechnischen Erfassung von Licht- und Farbwirkungen in der Natur und ihrer effektvollen Motivgestaltung, welche die Schlossruine zum Stimmungsträger inmitten einer suggestiv beleuchteten Landschaft werden lassen, gingen die Heidelberg-Gemälde von Wallis über die vorherrschende Vedutentradition hinaus und gaben den lokalen Künstlern wesentliche Anregungen.[22]

Für Carl Philipp Fohr stellte die Neckarlandschaft um Heidelberg eine ideale Entsprechung zu seiner zeichnerischen Begabung dar. Hier hatte er das Ineinander von »Menschenwerk und Natur« vor Augen, welches die künstlerische Essenz seiner Landschaftsdarstellungen bildete.[23] Das großformatige Aquarell mit dem Heidelberger Schloss von Osten, welches er gegen Ende des Jahres 1813 anfertigte, kann hierfür stellvertretend betrachtet werden.[24] Vom Vordergrund mit den spielenden Kindern und dem weidenden Vieh reicht der Blick über die östliche Anlage des Schlosses und Teile der Stadt bis in die blaue Ferne der Rheinebene. Es öffnet sich für den Betrachter eine Naturszenerie mit dem Hauptmotiv der Schlossruine, die, in leichter Untersicht dargestellt, von einem blassblauen Wolkenhimmel überwölbt wird. Den Vordergrund begrenzen Zaun und Büsche, der Mittelgrund wird von dem bewaldeten Hügel mit dem mächtigen Baukomplex des Schlosses bestimmt, von dem sich der rechte Abgrund mit der Stadt, dem Fluss und der Ebene absetzt. Diese deutliche Scheidung der Bildgründe in gesonderte Raumabschnitte wie auch die Repoussoirbäume rechts und links sowie die Zentrierung des Hauptmotivs im Mittelgrund erinnert an Kompositionsmuster des 18. Jahrhunderts. Doch hat es Fohr vermocht, dieses konventionelle Bildschema durch einen differenzierten Zeichenduktus und durch den einheitlichen blau-grünen Gesamtton zu beleben. Vor allem das parallel zur Bildfläche dargestellte Schloss überzeugt in der stupenden Feinheit und Genauigkeit der zeichnerischen Ausführung. Diese feine Lineatur des Baukörpers erscheint inmitten einer Farbmodulation, die von dem farblich reichen Vordergrund über die blau-grüne Tonigkeit des Mittelgrundes bis zur blauen Ferne in aufeinander abgestimmten Stufen reicht. Der Stimmungsgehalt des Blattes wird vor allem von diesem farblichen Gesamtton in Verbindung mit der Figurenstaffage hergestellt. Die Kinder sind allein mit sich beschäftigt und nehmen von der massiven Präsenz der Ruine in ihrem Rücken keine Notiz. Diese auffallende Staffage der mit einem Säugling spielenden Kinder korrespondiert mit der Morgenstimmung des Bildes und kann für den ursprünglichen Zustand im individuellen Menschenleben stehen, der noch nichts von der Tragik geschichtlicher Vergangenheit weiß, die sich in der Schlossruine verkörpert.[25] Folgerichtig teilt sich das Blatt in einen gegenwartsbezogenen Vordergrund und einen der geschichtlichen Vergangenheit zugeordneten Landschaftsbereich im Mittelgrund, in dem die beherrschende Silhouette der Ruine den ungehemmten Blick in die Ferne weitgehend verstellt. Fohr hat mit dieser Darstellung sehr genau das Eigentümliche der Heidelberger Kulturlandschaft erfasst und zugleich ein Grundmotiv seiner Landschaftskunst variiert: das »Ineinander des von Menschen Gebauten und des Gewachsenen, von geschichtlichem Relikt und Natur«[26].

Erinnert bei Fohr die Darstellung der Schlossruine als Hoheitszeichen der geschichtlichen Vergangenheit an die Bildinszenierungen von Wallis, wobei er dessen erhöhten Standpunkt durch einen unter- und nahsichtigen ersetzt und eine monumentalisierende Wirkung des Baukörpers erreicht, so rezipiert der junge Carl Rottmann vor allem die kühne Farbmalerei und die das Bildgeschehen dramatisierende Beleuchtungsregie des Engländers.[27] Sehr schön lässt sich dies anhand des 1815 entstandenen, großformatigen und bildmäßig ausgeführten Aquarells zeigen, welches die Heidelberger Schlossruine von Osten inmitten einer überraschend weiträumigen Gesamtlandschaft darstellt.[28] Von einem hochgelegenen Weg östlich des Schlosses reicht der Blick über Stadt und Schloss Heidelberg in die Rhein-Neckar-Ebene, die von einem lichtdurchstrahlten Abendhimmel überspannt wird. Im Vordergrund flankieren Bäume eine muldenförmige Lichtung, die im Mittelgrund in geschwungene Terrainformen übergeht, welche auf die im Gegenlicht liegende Ruine zuführen. Der Landschaftsausschnitt mit dem breit lagernden Schloss erhält durch die Bodenfurche, die seitlichen Bäume und die sanfte Bewegung der Terrainformen eine innere Rahmung, zwischen der sich die im leichten Dunst liegende, vom Sonnenlicht durchströmte Ebene in die Bildtiefe entwickelt. Letzte Strahlen der untergehenden Sonne tauchen die Darstellung in bläuliche Schatten, und die Schlossruine erhält durch die Lichtführung einen eigentümlichen Glanz. Sie bildet das Blickzentrum und stellt sowohl kompositionell als auch hinsichtlich der Beleuchtung eine verbindende Zone zwischen der detailreichen Gestaltung des Vordergrundes und der in transparentes Licht übergehenden Ebene dar. Der sanfte Schwung der durchlaufenden Senke, aus dem sich das Schloss über einem Vegetationssockel erhebt, wie auch die Hügelprofile seitlich der Flussebene betonen die Ruine als architektonisch beherrschendes Monument inmitten einer weiten Überschaulandschaft. Das differenzierte Kolorit, das sich einer ausdrucksstarken Gegenlichtregie verdankt, ermöglichte es ihm, der Landschaft einen einheitlichen Stimmungsgehalt zu verleihen. Die sorgfältige Anlage, die ausgewogene Komposition mit den Repoussoirbäumen, die Abbildtreue in den Details sowie das große Format verweisen auf Rottmanns Absicht, ein ›Gemälde‹ aus Wasserfarben zu schaffen, in dem ein Ausgleich zwischen Idealität und Naturanschauung herrscht. Hier – wie auch bei Fohr – ist der klassische Charakter der Heidelberger Landschaft veranschaulicht und zugleich durch die tonige Einbindung der Motive ins Atmosphärische der blauen Ferne gleichsam romantisiert worden. Beide Künstler haben »für die von Goethe gesehene Idealität dieser Situation die angemessenen, in Farbe und Bildgestalt steigernden Mittel« gefunden.[29] Fohr legt den Akzent eher auf den geschichtlichen Erinnerungswert der Schlossruine, während Rottmann den prominenten Baukörper in ein malerisches Gesamtensemble von Landschaft, Stadt und Architektur integriert. Beide nutzen die atmosphärischen Reize der Rhein-Neckar-Ebene und wählen bewusst Morgen- bzw. Abendsituationen, um durch die Lichtführung ein farbiges Unisono herzustellen und einen einheitlichen Stimmungsgehalt zu evozieren.[30]

Dem zeichnerischen Talent von Ernst Fries kam der gesetzmäßige Aufbau der Heidelberger Topographie mit ihrem anschaulichen Zusammenspiel von Natur und Architektur sehr entgegen. Zahlreiche Skizzenbücher sowie vorbereitende und ausgeführte Zeichnungen belegen sein intensives Studium der Neckargegend und seiner Geburtsstadt.[31] Immer kommt es ihm auf eine möglichst exakte und detailgenaue Proträtierung des in der Natur Gesehenen an, doch ändert sich durch seinen langjährigen Italienaufenthalt der stilistische Duktus und der kompositorische Aufbau seiner Zeichnungen.[32] In der voritalienischen Zeit konzentrierte er sich auf einen herausgehobenen Teil aus einem größeren landschaftlichen Motivzusammenhang. Sein besonderes Interesse galt den architektonischen Monumenten, die eine Landschaft derart bestimmen, dass sie zum markanten Erkennungs- und Erinnerungszeichen werden. In einer eher zurückhaltend und mit wenigen Strichen nur summarisch skizzierten Umgebung stellt er diese Architekturdenkmale mit einer stupenden Feinheit aller Details dar. Diese Isolierung und objektnahe Beschreibung des meist architektonischen Hauptmotivs zeigt sich auch bei den ersten Zeichnungen mit Darstellungen von Stadt und Schloss Heidelberg aus den Jahren 1819/20. Die Ostansicht des Schlosses, die zu einer Folge von Zeichnungen gehört, welche die Vorlagen zu dem 1820 erschienenen Mappenwerk »Sechs Ansichten des Heidelberger Schlosses« bildeten, variiert geringfügig den von Wallis und Fohr bekannten Bildtypus (vgl. Abb. 23).[33] Der Blick wird direkt von einem bühnenmäßig gerahmten Vordergrund über einen mit Büschen und Bäumen bestandenen Abhang im Mittelgrund zur in Untersicht dargestellten Schlossruine gelenkt, deren Silhouette sich vor einem fast wolkenlosen Himmel klar und bestimmt abhebt. Während Vorder- und Mittelgrund nur durch eine skizzierende Bleistiftzeichnung angedeutet sind und zusammenfassende Lavierungen in Tusche die Lichtverhältnisse anzeigen, wird der Baukörper der Ruine klar konturiert und architektonisch detailgetreu wiedergegeben. Durch die modellierende Lichtführung von links oben und den niedrigen Standpunkt erscheint die Ruine in ihrer plastischen Monumentalität. Der Ausblick in die Ferne wird nur am rechten Rand gewährt, da das vorrangige Darstellungsinteresse in der möglichst stimmungsneutralen und zeichnerisch präzisen Bestandsaufnahme der Architektur lag. Der im Vordergrund sitzende Zeichner bestätigt die vedutenhafte Sachtreue der Darstellung, indem er den Standpunkt markiert, von dem aus die Aussicht aufgenommen wurde.[34]

Eine größere Raumwirkung entfaltet dagegen eine Bleistiftskizze von 1821, die schon eine Gesamtschau der Neckarlandschaft bietet.[35] Das Hauptmotiv bildet die topographisch und in ihrem architektonischen Erscheinungsbild präzise wiedergegebene Stadt Heidelberg, doch wird sie durch den erhöhten Standpunkt auf der nördlichen Uferseite des Neckars auf große Distanz gebracht und in die Ferne gerückt. Der Blick kann über eine Gesamtlandschaft schweifen, die durch die sanft geschwungenen Hügelprofile beiderseits des Neckarufers symmetrisch gegliedert erscheint und sich kontinuierlich in die Bildtiefe entwickelt. Die Darstellung eines natürlichen und weitgefassten Raumkontinuums bei gleichzeitigem Festhalten an der möglichst objektiven und detailgenauen Wiedergabe des Hauptmotivs bezeichnet jene Balance zwischen zeichnerischem und malerischem Stilprinzip, welche sich im Œuvre von Ernst Fries vor allem während seines Italienaufenthaltes und seiner dortigen Landschaftsstudien herausgebildet hatte.[36] Die entscheidende Wandlung, die sein zeichnerischer Duktus und sein Darstellungsinteresse in dieser Zeit vollzogen, wurde als eine Entwicklung vom linear-aufzeichnenden zum malerisch-raumschaffenden Vortrag beschrieben, mit der ein verstärktes Beobachten der luministischen Qualitäten einer Landschaft einherging.[37] Bei aller gegenständlich präzisen Wiedergabe der wahrgenommenen Fakten bindet Fries nunmehr die umgebende Landschaft enger ans Hauptmotiv und schafft malerische Ensembles, bei denen der Gesamteindruck und gesetzmäßige Aufbau unter Berücksichtigung der konkreten Beleuchtungsverhältnisse im Vordergrund steht. Diese Fähigkeit, größere landschaftliche Motivzusammenhänge als räumliches Kontinuum zusammenzuschließen und sie unter bestimmten luministischen Gesichtspunkten darzustellen, zeigen auch jene Zeichnungen, die zwischen 1827 und 1829 von Heidelberg entstehen und die als Vorarbeiten für ausgeführte Gemälde gelten.[38] Sie sind in einer für Fries' Zeichentechnik neuen Variante ausgeführt – der lavierten Federzeichnung, die es ihm ermöglichte, eine dem Gemälde vergleichbare Bildwirkung zu erzielen. Über eine dünne Vorzeichnung in Blei legt er eine graduell abgetönte Sepia- oder Tuschelavierung, welche die besonderen Lichtverhältnisse andeutet. Als Novum tritt hinzu, dass die Konturen der Gegenstände sowie die Grenzen zwischen den Licht- und Schattenzonen durch kräftige Federlinien markiert und dunkelste Schattenzonen durch Federschraffuren intensiviert werden.[39] So auch bei der detailliert ausgeführten Zeichnung von 1829 mit dem Blick vom Wolfsbrunnenweg über Stadt und Schloss Heidelberg.[40] Hier ist der charakteristische Landschaftsprospekt der Neckarstadt in einem zugleich bewegten und zeichnerisch bestimmten Linienduktus erfasst. Sowohl die Lage der als Zentralmotiv herausgehobenen Ruine und das markante Hügelprofil seitlich des rechten Neckarufers als auch die besondere Raumweite der Rheinebene sind topographisch korrekt wiedergegeben. Einzig bei der Gestaltung der Vordergrundzone erlaubt sich Fries künstlerische Freiheiten, indem er rechts einen Repoussoirbaum und links einen in den Mittelgrund führenden, leicht ansteigenden Hügel mit Bäumen einfügt, die den Gebäudekomplex des Schlosses bildintern rahmen. Die Lavierung veranschaulicht in fein aufeinander abgestuften Tonwerten die Lichtverhältnisse. Diese bildmäßig angelegte Zeichnung steht in unmittelbarem Zusammenhang mit einigen Gemälden, die unter Beibe-

haltung des Standpunktes, aber mit wechselnder Vordergrundszenerie dasselbe Motiv in das repräsentative Medium der Ölmalerei übersetzen.[41] Eine verstärkte Hinwendung zu dieser Technik setzte bei Fries zwar schon in Italien um 1825/26 im Kontakt mit George Augustus Wallis und Camille Corot ein, doch erst nach seiner Rückkehr, etwa ab 1828/29, intensivierte er seine Beschäftigung, da er damit begann, das geordnete Material seiner italienischen Landschaftszeichnungen als Vorlagen für Gemälde heranzuziehen. Neben italienischen Motiven waren es vornehmlich Ansichten Heidelbergs, die er gleich in mehreren Fassungen und bisweilen auch als Pendantbilder auf Bestellung von Sammlern oder für die Jahresausstellungen diverser Kunstvereine in Öl malte.[42] Bei dem 1829 entstandenen, großformatigen Gemälde mit der Darstellung des Heidelberger Schlosses von Osten (Abb. 11) deckt sich der Standpunkt weitgehend mit dem von Wallis gewählten.[43] Etwa von der Höhe des Wolfsbrunnenweges führt der Blick in nordwestlicher Richtung über das Schloss in die Rhein-Neckar-Ebene. Von der Stadt sind rechts das Neckartor und die Alte Brücke sowie einige Häusergruppen zu sehen. Durch den festgelegten Standpunkt rückt das Hauptmotiv des Schlosses in den Bildmittelgrund und wird in seiner Lage im Landschaftsraum präzise erfasst. Abschüssige

ABB. 11 = Kat. Nr. 94
Ernst Fries
Heidelberg, Schloss und
Stadt von Osten mit Blick
auf die Rheinebene, 1829
(WVZ 598)

Terrainformen mit dichtem Baumbewuchs führen den Blick – ähnlich wie bei Rottmann – direkt auf den Baukörper zu. Fries beschränkt sich nicht auf dessen charakteristische Silhouette, wie es Fohr in seiner nahsichtigen Darstellung tat, sondern versteht es, die gesamte räumliche Ausdehnung der Bauruine darzustellen. Alle markanten Bauteile sind detailgenau und in ihren Proportionen zueinander korrekt wiedergegeben. Das modellierende Sonnenlicht eines frühen Abends hebt besonders die plastischen Volumina der vier Turmbauten hervor und lässt die charakteristischen Konturlinien des Ottheinrichs-, Friedrichs- und des Englischen Baus erkennen. Diese kleinteilige Exaktheit der Ausführung herrscht auch an jeder Stelle des dargestellten Landschaftsraumes vor. Kleinere und größere Baumgruppen im dunkler gehaltenen Vordergrund schaffen einen Rahmen, zwischen dem sich die einzelnen Bildgründe durch ein bewegtes Ineinander von Hügeln und Tälern zu einem räumlichen Kontinuum zusammenschließen, das sich sehr genau an die tatsächlichen topographischen Gegebenheiten hält. Der helle Horizont mit der wenig dunstigen Rheinebene davor wie auch das blasse Hellblau des mit einigen Wolken versehenen Himmels suggerieren die besondere Raumweite, die sich dem Blick von diesem Standpunkt aus eröffnet. Die zurückhaltende Belebung der Vordergrundszenerie mit Staffagefiguren und einem talwärts rollenden Fuhrwerk erinnert an das Motivrepertoire der traditionellen Landschaftsmalerei.[44] Auch die Repoussoirbäume im Vordergrund und die bedeutungsvolle Zentrierung des Schlosses im Mittelgrund, zu dem der Blick über einen schattigen Weg und eine farblich reicher akzentuierte Talsenke geführt wird, entspricht solcher Tradition. Ansonsten hält sich Fries sehr genau an den vorgegebenen Landschaftsprospekt, doch hebt er durch die rahmenden Baumgruppen das Hauptmotiv des Schlosses hervor und verleiht der konkreten Landschaft durch eine ausgewogene Komposition eine allgemeine Gültigkeit.[45] Ähnlich wie Fohr und Rottmann erzielt er diese Wirkung, indem er die vorhandene Linienschönheit der Heidelberger Landschaft durch die Optik des klassischen Bildschemas wahrnimmt. Zudem schafft es eine subtile Beleuchtungsregie, den Augenblickscharakter hinter eine allgemeine farbige Gesamtstimmung zurücktreten zu lassen. Fein strahlt das Licht durch die Baumsilhouetten, modelliert die Böschungen und Mauerreste im Vorder- sowie den Baukörper der Ruine im Mittelgrund und vereint sich in der Ferne mit dem Dunst der Wolkenbahnen. Einen eigenen Lichtstreifen bildet die silbrig-graublau schimmernde Oberfläche des Neckars, die mit den abgestuften Blauwerten des Himmels farblich korrespondiert und für die suggestive Tiefenentwicklung des Landschaftsraumes sorgt. Dieses warme Licht eines frühen Herbstabends erzeugt insgesamt eine gold-braune Tonigkeit, welche die koloristischen Eigenwerte der beschienenen oder verschattet liegenden Landschaftsteile in weichen Übergängen vereinheitlicht. Während die detailgenaue Ausführung und lineare Präzision die »unmittelbare Naturwahrheit«[46] verbürgen, unterstreicht die Lichtführung den besonderen Charakter der

Heidelberger Bildungslandschaft, der sich in der malerischen Einbettung einer historisch und künstlerisch bedeutsamen Ruine in eine sanft dominierende, Enge und Weite vereinende Natur ausdrückt. Zur objektiven Wiedergabe des Charakteristischen und Interessanten der Landschaft tritt die Darstellung einer korrespondierenden jahres- und tageszeitlichen Lichtstimmung. Beides dient einer möglichst naturnahen künstlerischen Aneignung der sichtbaren Landschaft, die durch die beschriebenen formalen Stilmittel ins Allgemeine erhoben wird: Es ist in erster Linie ein Landschaftsporträt, über das Fries aber einen »feinen Hauch von Idealität […] zu breiten versteht«.[47] Wie Fohr und Rottmann hat er in seiner hier exemplarisch vorgestellten Heidelberg-Ansicht von Osten einen feinen Ausgleich zwischen mimetischer Naturnachahmung und klassisch-idealer Bildform gefunden, und wie diese stimmt er bei aller topographisch-architektonischen Abbildtreue die Landschaft durch eine malerische Lichtführung zu einer Einheit zusammen.

Anmerkungen:

1 Vgl. zu den historischen Quellen: Marc Rosenberg, Quellen zur Geschichte des Heidelberger Schlosses, Heidelberg 1882; zur literarischen Rezeption: Heidelberg-Lesebuch. Stadt-Bilder von 1800 bis heute, hrsg. von Michael Buselmeier, Frankfurt 1986; zur bildkünstlerischen Produktion: Max Schefold, Alte Ansichten aus Baden, 2 Bde, Weißenhorn 1971, hier Bd. I, S. 45 – 64.

2 Sigrid Gensichen, Das Heidelberger Schloß. Fürstliche Repräsentation in Architektur und Ausstattung, in: Heidelberg – Geschichte und Gestalt, hrsg. von Elmar Mittler, Heidelberg 1996, S. 130 – 161, hier S. 158.

3 Vgl. zum Dichter und Künstler gleichermaßen anregenden kulturlandschaftlichen Ambiente Heidelbergs: Klaus Manger/Gerhard vom Hofe, Heidelbergs poetische Topographie, in: Heidelberg im poetischen Augenblick. Die Stadt in Dichtung und bildender Kunst, hrsg. von Klaus Manger und Gerhard vom Hofe, Heidelberg 1987, S. 1 – 27.

4 Karl Lohmeyer, Heidelberger Maler der Romantik, Heidelberg 1935, S. VII.

5 Johann Wolfgang von Goethe, Gesamtausgabe der Werke und Schriften (Stuttgarter Ausgabe), II. Abt., Bd. 11/I: Tagebücher, hrsg. von Gerhart Baumann, Stuttgart 1956, S. 392; vgl.: Klaus Mugdan, Heidelberg im Tagebuch der Schweizer Reise von 1797, in: Goethe und Heidelberg, hrsg. von der Direktion des Kurpfälzischen Museums, Heidelberg 1949, S. 99 – 118.

6 Zit. nach: Mugdan, a.a.O. (Anm. 5), S. 101.

7 Goethe, a.a.O. (Anm. 5), S. 392 – 393.

8 Werner Hofmann, Zur Geschichte und Theorie der Landschaftsmalerei, in: Ausstellungskatalog ›Caspar David Friedrich 1774 – 1840‹, Hamburger Kunsthalle 1974, S. 9 – 29, hier S. 15.

9 Carl Neumann, Heidelberg als Stadtbild, Heidelberg 1914, S. 28 – 32.

10 Jens Christian Jensen, Heidelberg in der Bildkunst um 1800, in: Heidelberg im säkularen Umbruch. Traditionsbewußtsein und Kulturpolitik um 1800, hrsg. von Friedrich Strack, Stuttgart 1987, S. 360 – 379, hier S. 364.

11 Mugdan, a.a.O. (Anm. 5), S. 115.

12 Vgl. die Bild-Anthologien: Heidelberg. Ansichten aus alter Zeit, hrsg. von Georg Poensgen, Honnef 1957; Schefold, a.a.O. (Anm. 1), Bd. I, S. 45 – 64; Heidelberg im Wandel der Zeit. Graphische Darstellungen der historischen Stadt, hrsg. von Thilo Winterberg, bearbeitet von Michaela-Patricia Stahl, Heidelberg 1996.

13 Auf diese Tradition der Stadtveduten und -panoramen kann nicht weiter eingegangen werden. Vgl. hierzu insbesondere: Karl Zangemeister, Ansichten des Heidelberger Schlosses bis 1764, in: Mittheilungen zur Geschichte des Heidelberger Schlosses, hrsg. vom Heidelberger Schloßverein, Bd. I – IV (1885), S. 35 – 160; Bd. II, IV (1890), S. 277 – 300; Bd. III (1896), S. 192 – 216, 246 – 248.

14 Gerda Kircher, Vedute und Ideallandschaft in Baden und der Schweiz 1750 – 1850, Heidelberg 1928, S. 51.

15 Lohmeyer, a.a.O. (Anm. 4), S. VII.

16 Neumann, a.a.O. (Anm. 9), S. 30 – 32.

17 Lohmeyer, a.a.O. (Anm. 4), S. 231.

18 Vgl. zum folgenden: Jensen, a.a.O. (Anm. 10), S. 360 – 379; Jörn Bahns, Vom genius loci – Heidelberg in der Malerei der Romantik, in: Heidelberger Jahrbücher, hrsg. von der Universitäts-Gesellschaft Heidelberg, Springer-Verlag 1997, S. 33 – 54; Schloß Heidelberg im Zeitalter der Romantik, hrsg. von den Staatlichen Schlössern und Gärten Baden-Württemberg, bearbeitet von Uwe Heckmann, [zugl. Katalog der gleichnamigen Dauerausstellung im Ruprechtsbau des Heidelberger Schlosses], Regensburg 1999, S. 23 – 35.

19 Vgl. zu Wallis: Lohmeyer, a.a.O. (Anm. 4), S. 205 – 218; Monika von Wild, George Augustus Wallis (1761 – 1847). Englischer Landschaftsmaler, Monographie und Œuvrekatalog, Frankfurt 1996.

20 Vgl.: von Wild, a.a.O. (Anm. 19), S. 197 – 204.

21 Ebd., S. 197.

22 Diese konnten seine Werke vor Ort bestens studieren, denn er malte seine Ansichten der Neckarstadt im Auftrag des Bankiers und Krappfabrikanten Christian Adam Fries, dem Vater von Ernst Fries, der in Heidelberg eine bedeutende, stark frequentierte Gemäldesammlung besaß. Schwerpunkte seiner Sammeltätigkeit waren die niederländische Malerei des 17. Jahrhunderts sowie zeitgenössische Künstler wie Ferdinand Kobell und Joseph Anton Koch, aber auch Lorrain und Poussin waren vertreten, und eben Wallis, von dem der Bankier mindestens vierzehn Arbeiten erwarb. Vgl.: Lohmeyer, a.a.O. (Anm. 4), S. 164 – 165; von Wild, a.a.O. (Anm. 19), S. 193 – 194.

23 Vgl.: Jens Christian Jensen, Carl Philipp Fohr in Heidelberg und im Neckartal. Landschaften und Bildnisse, Karlsruhe 1968, S. 16 – 18.

24 Vgl.: Carl Philipp Fohr. Romantik – Landschaft und Historie. Katalog der Zeichnungen und Aquarelle im Hessischen Landesmuseum Darmstadt und Gemälde aus Privatbesitz, bearbeitet von Peter Märker, Heidelberg 1995 [zugl. Katalog der gleichnamigen Ausstellung im Hessischen Landesmuseum Darmstadt/Haus der Kunst München 1995/1996], Kat. Nr. 32.

25 Vgl.: Peter Märker, »Er wäre mit der Zeit auch Historienmaler geworden«. Zur Kunst Carl Philipp Fohrs, in: Carl Philipp Fohr, a.a.O. (Anm. 24), S. 28 – 51, hier S. 43.

26 Ebd., S. 40.

27 Vgl. zur Wallis-Rezeption bei Rottmann: von Wild, a.a.O. (Anm. 19), S. 213 – 217.

28  Vgl.: Erika Bierhaus-Rödiger, Carl Rottmann 1797 – 1850. Monographie und kritischer Werkkatalog. Mit Beiträgen von Hugo Decker und Barbara Eschenburg, München 1978, Kat. Nr. 6.

29  Jensen, a.a.O. (Anm. 10), S. 373.

30  Dieser von Wallis, Fohr, Rottmann und anderen lokalen Künstlern tradierte Bildtypus mit dem Blick von Osten über Schloss und Stadt in die Rheinebene kann als die eigentlich romantische Heidelberg-Ansicht verstanden werden. Die genannten Künstler prägten ihn so eindrucksvoll aus, dass er im 19. Jahrhundert in zahlreichen Varianten, von der Ansichten-Graphik bis zum repräsentativen Gemälde, immer wieder auftauchte. Unterschiede ergaben sich lediglich in der Höhe des eingenommenen Standpunktes, in der malerisch-stilistischen Ausführung, in den Beleuchtungs- und Witterungsverhältnissen oder in den Staffageszenen. Vgl. hierzu: Jensen, a.a.O (Anm. 10), S. 364 – 366; Bahns, a.a.O. (Anm. 18), S. 36 – 44; Schloß Heidelberg im Zeitalter der Romantik, a.a.O. (Anm. 18), Kat. Nr. 2 (Carl Ludwig Frommel), 5 (Christian Philipp Koester), 18 (August Lucas), 38 (Johann Georg Primavesi).

31  Vgl.: Sigrid Wechssler, Ernst Fries (1801 – 1833). Monographie und Werkverzeichnis, Heidelberg 2000, WV-Nr. 21, 35 – 42, 551 – 555, 579, 586 – 602, 604, 709, 754 – 759, Skizzenbücher II, VI, VII, IX (Heidelberg-Ansichten).

32  Vgl. zur stilistischen Entwicklung: Curt Gravenkamp, Ernst Fries. 1801 – 1833. Sein Leben und seine Kunst, Phil. Diss. Frankfurt/Main 1925, S. 57 – 122; Elisabeth Bott, Ernst Fries (1801 – 1833). Studien zu seinen Landschaftszeichnungen, Leverkusen 1978 [zugl. Phil. Diss. Heidelberg 1976], S. 54 – 95.

33  Vgl.: Wechssler, a.a.O. (Anm. 31), WV-Nr. 41.

34  Die fast dokumentarische Abbildtreue ist damit zu erklären, dass es sich bei der Zeichnung um eine Vorlage für die entsprechende Lithographie der genannten Mappe handelt, welche als künstlerisch anspruchsvolle Ansichten-Folge in Heidelberg verlegt und den Reisenden angeboten wurde. Der Vedutentradition verpflichtet, bemüht sich Fries daher um eine möglichst wirklichkeitsnahe Wiedergabe der Schlossruine. Diese Tendenz zu einer bildlich präzisen Bestandsaufnahme des Heidelberger Schlosses entspricht dabei nicht nur seinem eigenen, vornehmlich mimetischen Darstellungsinteresse, sondern deckt sich auch mit den Aktivitäten des ersten Mentors des Schlosses, dem Grafen Charles de Graimberg. Dieser hatte ab 1812 begonnen Kupferstich-Folgen herauszugeben, bei denen die systematische und zeichnerisch exakte Dokumentation des architektonischen Erhaltungszustandes der Ruine im Vordergrund stand. Vgl. hierzu: Anja-Maria Roth, Louis Charles François de Graimberg (1774 – 1864): Denkmalpfleger, Sammler, Künstler, Heidelberg 1999, S. 57 – 83. Über das druckgraphische Werk von Ernst Fries informiert ein eigener Aufsatz im vorliegenden Katalog.

35  Vgl.: Wechssler, a.a.O. (Anm. 31), WV-Nr. 68.

36  Vgl. zu diesem immer wieder festgestellten stilistischen Dualismus im Œuvre von Ernst Fries: Gravenkamp, a.a.O. (Anm. 32), S. 65 – 122; Arthur von Schneider, Badische Malerei des 19. Jahrhunderts, 2. Auflage, Karlsruhe 1968, S. 34 – 41; Bott, a.a.O. (Anm. 32), S. 67 – 85.

37  Vgl.: Gravenkamp, a.a.O. (Anm. 32), S. 99, 123 – 126; Wechssler, a.a.O. (Anm. 31), S. 46.

38  Vgl.: Wechssler, a.a.O. (Anm. 31), WV-Nr. 590 – 596, 599.

39  Vgl.: Bott, a.a.O. (Anm. 32), S. 87 – 88.

40  Vgl.: Wechssler, a.a.O. (Anm. 31), WV-Nr. 599.

41 Vgl. ebd., WV-Nr. 598, 600. Kürzlich wurde in den Sammlungen des Jenisch-Hauses in Hamburg ein weiteres, im bisherigen Werkverzeichnis noch nicht erfasstes Gemälde von Ernst Fries entdeckt, das die Heidelberger Schlossruine von Osten darstellt und das – in Motivgestaltung, Format und Ausführung – mit dem bei Wechssler unter der WV-Nr. 598 genannten Bild übereinstimmt. Hierüber informiert ein eigener Aufsatz in diesem Katalog.

42 Als Pendantbilder können die bei Wechssler, a.a.O. (Anm. 31), mit den WV-Nr. 588 und 598 sowie WV-Nr. 589 und 600 bezeichneten gelten. Sie zeigen in wechselnden Formaten und unterschiedlicher malerischer Ausführung Darstellungen des Heidelberger Schlosses von Westen und von Osten unter besonderer Berücksichtigung der tageszeitlichen Beleuchtungsverhältnisse. Mehrere Fassungen eines Motivs in unterschiedlichem Format und Pinselduktus anzufertigen, ist eine bei Fries übliche Praxis. Dies ist zum einen mit den zunehmenden Bestellungen von Sammlern zu erklären, die etwa ab 1829 einsetzen, und zum anderen nutzt er die kleinen Formate für malerisch-stilistische Experimente und Freilichtstudien in der Natur. Die oben genannten kleineren Heidelberg-Bilder (WV-Nr. 589, 600) malte er höchstwahrscheinlich im Auftrag des Verlagsbuchhändlers Christian Friedrich Winter, der zum Bekanntenkreis der Familie Fries zählte und der in Heidelberg eine eigene kleinere Gemäldesammlung besaß. Vgl. hierzu: Bott, a.a.O. (Anm. 32), S. 17, 93, Kat.Nr. 186, 187.

43 Vgl.: Gravenkamp, a.a.O. (Anm. 32), S. 108, Kat.Nr. 13; Bott, a.a.O. (Anm. 32), S. 90 – 92, Kat.Nr. 185; Katalog ›Galerie der Romantik‹, Nationalgalerie/Staatliche Museen Preußischer Kulturbesitz Berlin, 2. Auflage, Berlin 1986, S. 26 – 27; Ausstellungskatalog ›Kunst in der Residenz. Karlsruhe zwischen Rokoko und Moderne‹, Staatliche Kunsthalle Karlsruhe, Heidelberg 1990, S. 132, Kat.Nr. 42; Wechssler, a.a.O. (Anm. 31), WV-Nr. 598.

44 Hierbei ist darauf hinzuweisen, dass die figürliche Staffage bei Fries ein sekundäres Element bleibt und immer in den landschaftlichen Kontext integriert wird. Nie nimmt er eine mythologische oder historische Szenerie zum Anlass, eine Landschaft darzustellen. Vielmehr sind es in der Natur arbeitende Menschen, die mit ihrem Tun an dieser teilhaben und sich wirklich in ihr aufhalten können. Sie sind integraler Bestandteil der dargestellten Landschaft und ihr Vorhandensein lässt sich durch eine real nachvollziehbare Situation rechtfertigen. Vgl.: Bott, a.a.O. (Anm. 32), S. 106 – 107.

45 Vgl. ebd., S. 93, 94.

46 Friedrich Pecht, Ernst Fries, in: Badische Biographien, hrsg. von Friedrich von Weech, Erster Theil, Heidelberg 1875, S. 263 – 265, hier S. 263.

47 Ebd., S. 264. Dies gilt vor allem für die großformatigen und in feiner Lasurtechnik ausgeführten Gemälde, mit denen Fries den Erwartungen kunstsinner Käufer und Sammler zu entsprechen versucht. Bei den kleineren Ölgemälden, meist Studien, Skizzen oder Repliken, die einen sehr viel freieren und spontaneren Pinselduktus aufweisen, geht es Fries mehr um das momentane Erfassen der sichtbaren Wirklichkeit. Hier ist ihm an einer malerischen Vergegenwärtigung des sinnlichen Natureindrucks unter atmosphärisch-luministischen Gesichtspunkten gelegen. Dabei fallen die kompositionellen Korrekturen, wie sie noch bei den repräsentativen Gemälden im Sinne einer idealisierten Vedute vorgenommen werden, wie auch die fein lasierende Malweise weg. Vgl. hierzu: Bott, a.a.O. (Anm. 32), S. 93 – 95; Ursula Peters, Ernst Fries: Ansicht von Tivoli, um 1830, in: Anzeiger des Germanischen Nationalmuseums, Nürnberg 1993, S. 348 – 350; Wechssler, a.a.O. (Anm. 31), S. 50.

# ERNST FRIES' EXZENTRISCHER
# BLICK AUF DIE LANDSCHAFT

*Domenico Riccardi*

Ernst Fries' künstlerische Persönlichkeit nimmt im Rahmen der ebenso wie er frühvollendeten Künstlernaturen der frühromantischen Generation wie Fohr, Erhard, Horny, Reinhold eine Sonderstellung ein. Auch wenn er es seinem längeren Italienaufenthalt von Oktober 1823 bis Juli 1827 verdankt, zu seinem persönlichen Stil gefunden zu haben,[1] so hat er dennoch keine bedeutenden Anzeichen einer tieferen Beziehung zu diesem Land manifestiert, und auch von schwärmender Begeisterung kann keineswegs die Rede sein.

Die Eintragungen in seinen Skizzenbüchern beziehen sich lediglich auf die Licht- und Farbenverhältnisse der jeweiligen landschaftlichen Situationen oder Orte; oder sie geben Auskunft über seine Reisegenossen oder seine finanziellen Verhältnisse. Es handelt sich also um sachliche Angaben, die von keinerlei Äußerungen etwa der Freude an den Farben und am Licht der italienischen Natur oder über die Leute – wie sie etwa bei Horny und anderen auftauchen – begleitet oder unterstrichen werden.

Die erste Begegnung mit Rom nach seinem Eintritt durch die Porta Flaminia ruft wegen der schmutzigen und meist finsteren Straßen unangenehme Gefühle hervor,[2] ganz im Gegensatz zu seinem Freund und Reisegefährten Schilbach, der hochbegeistert über Klima und Natur berichtet, sowie von seinem aufregenden, lange ersehnten und mit ständigem Herzklopfen erlebten Betreten Roms.[3] Einige Zeit später findet Fries dennoch anerkennende Worte für die nächste Umgebung Roms am Tiber und am Anio, wo er zusammen mit Carl Wagner und Ludwig Richter »die schönsten Studien…in lieblicher Luft«[4] ausführen kann.

Seine nüchterne, reservierte Natur – »er hielt sich von den meisten römischen Künstlern fern«[5] – hinderte ihn an einer enthusiastischen Reaktion und beeinflusste wohl seine auffallend andersartige Haltung gegenüber den »klassischen« landschaftlichen und architektonischen Sujets Italiens, denen seit eh und je das Interesse der aus dem Norden Europas kommenden Künstler galt. Er verzichtet bei bekannten Motiven meistens auf die konventionelle Sicht und bevorzugt einen fast verfremdenden Blickwinkel, wodurch beim Betrachter eine erhöhte Neugier-

ABB. 12

Ernst Fries

Blick von der Serpentara

auf die Volskerberge, 1826

Bleistift, 38,0 x 52,0 cm

Kurpfälzisches Museum

der Stadt Heidelberg

(WVZ 411)

45

de hervorgerufen wird. In Italien hat er der Landschaftsmalerei manche bis dahin unbekannte Gegenden erschlossen.[6]

Mit den Ansichten aus der Vogelperspektive: »Rom, Blick vom Kapitolturm nach Südosten auf das Forum Romanum« (WVZ 157), »Sul Monte Testaccio/Blick auf den protestantischen Friedhof an der Cestiuspyramide« (WVZ 273 verso), »Blick auf die Serpentara, Olevano und die Volskerberge« (Abb. 12) und »Blick auf Tivoli« (WVZ 464) – die entgegengesetzte Ansicht von WVZ 439 – nimmt Fries die Panoramaansichten vorweg, die typisch für die Maler der Düsseldorfer Schule gegen Ende der 1830er bis Mitte der 1840er-Jahre sein werden, die in Rom und in den Aequerbergen (Olevano,

Civitella, Subiaco) wirkten, wie beispielsweise Bromeis, von Oer, Schirmer, Willers, Pose, Gurlitt und O. Achenbach.

Auf den Zeichnungen »Blick auf die Serpentara, am Horizont die Volskerberge« (WVZ 414) und »Kloster S. Benedetto bei Subiaco« (WVZ 429), die beide eine weite felsige Situation aufweisen, fixiert er einen recht fruchtbaren Blickwinkel, der besonders bei den Skandinaviern auf großes Interesse stoßen wird. Vom ersten Sujet werden besonders die Dänen Lundbye und Skovgaard sehr angetan sein, während Roed und der Schwede Billmark sich eher von den schroffen Felswänden des »Heiligen Tals« inspirieren lassen werden.

Andere ausgefallene Auschnitte entdeckt Fries häufig in den Aequerbergen. Kein anderer hat beispielsweise diesen »Blick auf die Mammellen [Monti Ruffi] vom nördlichen Ausgang Civitellas« (Abb. 14) dargestellt, wobei er mit einem feinen, kurzen Duktus den Pfad, der »nackter, harter Fels« war (L. Richter[7]) im Vordergrund plastisch klar kennzeichnet, während der Hintergrund gleichsam in einer Luftperspektive nur angedeutet wird. Am südlichen Ausgang Civitellas zeichnet er den sonst raren Blick auf das armselige Dorf (WVZ 409): Im Vordergrund links sind die Reste der alten Zyklopen-

ABB. 15 = Kat. Nr. 104

Ernst Fries

Römische Gebirgslandschaft,

(1828/30)

(WVZ 642)

47

mauer mit dem Pfad zu sehen, der ins Aniotal hinunterführt Die Mammellen sind auch auf der Zeichnung »Civitella« (WVZ 418) am Horizont zu sehen; der Standpunkt befindet sich am Sattel »Le sbarre/die Schranken«, an der Wasserscheide zwischen dem Saccotal im Süden (hinter dem Künstler) und dem Aniotal im Norden. Von der gleichen Stelle aus, jedoch etwas nach Osten (rechts) gerückt, gibt Fries dieselben Berge mit dem kegelförmigen Ort Rocca Santo Stefano davor wieder (Abb. 14). Diese Zeichnungen nahm er später in Deutschland als Vorlage zum Gemälde »Blick auf die Mammellen mit dem Ort Rocca Santo Stefano in den Aequerbergen (Römische Gebirgslandschaft /Bei Olevano)« (Abb. 15). Das Motiv der Kirche SS. Annunziata unterhalb Olevanos ist in einem Skizzenbuch von J. A. Koch enthalten.[8] Auch Reinhold zeichnet sie im Jahr 1822.[9] Diese Kirche stellt Fries beinahe in die Mitte der Darstellung; dahinter ist das zackige Profil des Ortes S. Vito mit dem darüber aufsteigenden Gipfel des Monte Guadagnolo zu sehen, der am Anfang der deutschen Landschaftsmalerei in den Aequerbergen zu Beginn der 1790er-Jahre steht.[10] Rechts ist die erste Häuserreihe Olevanos zu sehen, die mit dem Baum links eine rahmende Funktion erfüllt. Darin ist, wie auch auf anderen Arbeiten, der Einfluss Kochs zu erkennen, den Fries sehr schätzte und bei dem er auch lernte.

Ein Unikum bildet auch die »Ansicht des Klosters S. Francesco vor Subiaco« (Abb. 16), die er im Herbst 1826 schuf. In der Mitte einer bewegten geologischen Situation ist der Gebäudekomplex des Klosters S. Francesco eingebettet. Links ist die gleichnamige Brücke über den Anio zu erblicken. Dahinter erhebt sich nur angedeutet Subiaco; an seinem Fuß rechts, hinter dem erwähnten Konvent, nimmt man den Bischofspa-

ABB. 16
Subiaco und das
Kloster Santa Scolastica, 1826
Bleistift, 37,3 x 52,1 cm
Kurpfälzisches Museum
der Stadt Heidelberg
(WVZ 423)

ABB. 17 = Kat. Nr. 33

Ernst Fries

Rom, Grotte der Egeria, (1825)

(WVZ 202)

last wahr. Die Benediktinerklöster Santa Scolastica und San Benedetto befinden sich im Tal rechts hinter dem mittleren Hügelkamm und sind daher auf der Darstellung nicht zu sehen. Die entgegengesetzte Ansicht dieses Motivs bildet die Zeichnung »Subiaco« (WVZ 425). Dieser ausgefallene Blick auf das Kloster S. Francesco bietet sich dem Wanderer, der von Olevano, an Civitella vorbei den Fußweg einschlägt, der gerade an der Stelle ins Aniotal abgeht, wo die Zeichnung »Civitella« (WVZ 218) entstanden ist. Fries hat diese Arbeit wohl auf seiner Wanderung von Olevano nach Subiaco Anfang Oktober 1826 ausgeführt.[11] Zwar ist dieses Sujet auch von etlichen anderen Künstlern dargestellt worden (darunter auch von dem Finnen Ekman und dem Holländer Knip), jedoch immer vom »klassischen« Standpunkt aus auf dem Hauptweg von Tivoli nach Subiaco und umgekehrt.

Ungewöhnliche und sonst selten vorkommende Blicke sind auf den beiden folgenden Arbeiten eingefangen: »Rom, Grotte der Egeria, im Hintergrund das Grabmal der Cecilia Metella« (Abb. 17) und »Ruinen der Kaiserpaläste am Palatin« (WVZ 501). Auf dem Aquarell wird nicht wie üblich das Innere der Grotte der Nymphe Egeria als Hauptsujet dargestellt; Fries schenkt dem mythologischen Aspekt keine Beachtung, die Grotte wird vielmehr als eines der vielen über die reiche archäologische Landschaft verstreuten Monumente an der Via Appia wiedergegeben. Auf der zweiten Arbeit erlebt eines der berühmtesten und fruchtbarsten Motive des antiken Rom in gewisser Weise eine ähnliche ästhetische »Abwertung«. Es scheint, dass die archäologischen Reste des Palatins lediglich eine Kulissenfunktion im Hintergrund der Darstellung zu erfüllen ha-

49

ben, denn die ganze vordere Hälfte gilt der Wiedergabe einer unprätentiösen »warm violetten« Partie am Tiber, wo man die Umrisse einer Barke erkennen kann.

Von Sorrent hat auch Fries die klassische Ansicht von Süden (WVZ 613) geliefert und auch von der bekannten Felsenschlucht (WVZ 377), die von etlichen Künstlern dargestellt wurde (u. a. Reinhold, Schilbach, Faber), hat er eine Bleistiftzeichnung angefertigt. Die »Felsige Küstenlandschaft bei Sorrent« (WVZ 363 und WVZ 380 etwas südlicher aufgenommen) würde man jedoch ohne die Bezeichnung nicht dort vermuten.

Die Arbeit »Italienische Gebirgslandschaft, im Mittelgrund Ruine eines Rundtempels« (WVZ 560) dokumentiert zwar keinen ausgefallenen Blick, denn bereits Mechau und Reinhart waren um 1790 dort und haben diesen Ausschnitt in Studien fixiert, die sie dann als Vorlage für ihre Radierungen »Mahlerisch radirte Prospecte von Italien« (1792 – 98) benutzten.[12] Es lohnt sich jedoch, darüber zu reflektieren, um den Werkvorgang Fries' besser zu verstehen. Dargestellt ist eine Situation am Stadtausgang von Subiaco auf dem Weg zu den Benediktinerklöstern. Das Kloster Santa Scolastica mit dem romanischen Campanile lugt hinter dem Vestatempel hervor, den Fries als Versatzstück von Tivoli hierher verlegt. Tief im Tal fließt zwischen den imposanten Gebirgsmassiven der Anio (Aniene). Das flache Gebäude mit Türmchen am linken Ufer ist gänzlich erfunden. Da keine Studien von diesem Motiv mit den Monti Affilani und ihrem charakteristischen Gipfel Monte Francolano bekannt sind,[13] liegt die Vermutung nahe, dass er bei dieser Komposition von den Arbeiten des Engländers Wallis beeinflusst wurde.[14] Wallis hatte nämlich 1803 – 1806 eine Folge von Zeichnungen dieses Motivs in schwarzer Kreide angefertigt und daraus zwei Kompositionen gewonnen.[15] Wegen der harmonischen Aufteilung in lichte und schattige Zonen, die durch verschiedene Töne der Braunlavierung erzeugt wird, wobei der akribisch dünne Stiftduktus etwas nachlässt, wirkt diese Arbeit sehr malerisch und lässt die Frequentation mit Wallis erkennen.

**Anmerkungen:**

1  Wechssler, S. 46.

2  Wechssler, S. 25.

3  Bergsträsser, S. 37 f.

4  Wechssler, S. 25.

5  Benz/v. Schneider, S. 142. Es scheint, dass er lieber mit den Franzosen Corot und Edouard Bertin verkehrt hat.

6  Ausgefallene Landschaftsausschnitte und neue von ihm erschlossene Motive könnten m. E. folgende WVZ-Nummern sein: 157, 159, 163, 166, 171, 202, 206, 271, 273v, 276, 286, 289, 305 – 308, 310, 312, 315, 316, 320, 334, 340, 349, 350r, 354, 356, 363, 370, 380, 403, 409, 411, 414, 419, 423, 429, 432, 440, 441, 447, 456, 457, 464, 465, 473, 489, 481, 494, 495, 501, 560, 566, 571, 596, 641, 662, 690.

7  Richter, S. 271.

8   Lutterotti, SB 911, S. 72 (1816 – 1818), eher um 1805.

9   Gera 1988, Nr. 123.

10  Olevano 1997, S. 20 ff.

11  Wechssler, S. 44.

12  Mechau »Vicino a Subiaco« 1793, Nagler 8, Nr. 24; Reinhart, »A Subiaco«, Andresen I, n. 59.

13  Vielleicht wäre in manchem Skizzenbuch eine Studie zu finden.

14  v. Wild, S. 238 ff.

15  v. Wild, S. 218 – 231.

# DIE »ITALIENISCHE IDEALLANDSCHAFT«
## VON ERNST FRIES

im Kurpfälzischen Museum in Heidelberg

*Helmut Börsch-Supan*

1996, für Jörn Bahns †

Ernst Fries hat in seinem kurzen Leben, soweit wir wissen, nur fünf Gemälde geschaffen, die als großformatig bezeichnet werden können: die »Römische Gebirgslandschaft« von 1828/30 in Dresden (WVZ 642, Kat. Nr. 104), »Civitella im Sabinergebirge«, 1829 in Karlsruhe ausgestellt und wohl identisch mit dem 1859 mit der Sammlung von Christian Adam Fries, dem Vater des Malers, versteigerten Bild[1], die »Italienische Ideallandschaft« von 1830 in Heidelberg (Abb. 18) die »Ansicht von Tivoli« aus dem gleichen Jahr

ABB. 18 = Kat. Nr. 99

Ernst Fries

Italienische Ideallandschaft, 1830

(WVZ 625)

53

in Regensburg (WVZ 633) und schließlich, als sein größtes Bild, die »Gebirgslandschaft« von 1832 in Frankfurt (WVZ 678). In allen fünf Gemälden beschäftigte er sich mit Italien, und zwar in unterschiedlichen Graden der Idealisierung durch Komposition. Von den vier noch nachweisbaren Bildern ist keines eine exakte Vedute. Die Heidelberger Landschaft wirkt am meisten zusammengesetzt aus einzelnen Eindrücken, die Fries an verschiedenen Orten Italiens empfangen hat. Sigrid Wechssler hat in ihrem Bestandskatalog der Werke des Malers im Besitz des Kurpfälzischen Museums Anklänge an die Albaner Berge, an den Palazzo Cesarini am Nemisee, an Grottaferrata und an den Sibyllentempel in Tivoli gesehen.[2] Aber auch der Anlage des Ganzen scheint ein italienisches Landschaftserlebnis zugrunde zu liegen. Mehr als das ausgeführte Gemälde verweisen die zwei ebenfalls im Kurpfälzischen Museum bewahrten Vorstudien, »Italienische Flusslandschaft mit Motiven von Grottaferrata, Tivoli und dem Aniotal« bezeichnet, auf die Quelle der Inspiration (Abb. 19).[3] Der vermutlich frühere, locker gezeichnete Entwurf unterscheidet sich von dem späteren dadurch, dass eine Gruppe hoher Bäume, die den Abschluss der Komposition nach rechts bildet, dort durch eine Felswand ersetzt ist. Außerdem ist das wichtige Motiv der Flussbiegung im Mittelgrund durch eine Wegführung vorn in sehr bewusster Weise vorbereitet und dadurch betont. Diese Komposition hängt eng zusammen mit einer Ansicht von Massa di Carrara in der Sammlung Oskar Reinhart in Winterthur, die gleichfalls idealisiert ist (Abb. 20). Rechts bildet ein hoher Baum den Abschluss des Bildes und das Gegengewicht zu dem auf einer Bergkuppe gelegenen Kastell. Ein Weg, der den Baum umrundet, findet wie in dem zweiten Entwurf für die Heidelberger Landschaft ein Echo in der Schleife des Frigido im Hintergrund, bevor er ins Meer mündet. Auf Naturstudien, die Fries vom Mai bis Ende Juli 1825 in Massa di Carrara gezeichnet hat, so den beiden Heidelberger Blättern vom 22. Mai 1825 und vom 15. Juni 1825 ist zu erkennen, dass, was auf dem Winterthurer Bild nicht zu sehen ist, links das Gebirge höher ansteigt und das Kastell nur auf einer vorgeschobenen Erhebung der Apuanischen Alpen liegt.[4] Massa di Carrara, südöstlich von La Spezia gelegen, gehörte nicht zu den Orten Italiens, die die Maler scharenweise anlockten. Ludwig Richter hebt in seinen »Lebenserinnerungen eines deutschen Malers« an der Stelle, wo er auf Fries zu sprechen kommt, dessen Aufenthalt in Massa hervor: »Fries war mit seinem Landsmann Fohr und näher noch mit Rottmann befreundet gewesen und hatte viel von des letzteren Art und Auffassung angenommen, während für mich die Romantik Fohrs eine ungleich größere Anziehung ausübte. Von Albano wandte sich Fries nach Florenz und studierte in der Gegend von Massa, Carrara und an der Küste bei Spezia. Dort hatte er den Engländer Wallis kennengelernt, von dessen Farbbehandlung und Technik er vieles annahm und davon begeistert war«.[5] Richter wusste nicht, dass Fries George Augustus Wallis schon von Kind an kannte. Er war Schüler des Schotten gewesen, der bei seinem Aufenthalt in Heidelberg von 1812 bis 1815 einen großen Einfluss auf die Entwicklung der Heidelberger Romantik ausgeübt hat. Christian Adam Fries besaß nicht weniger als zwölf Gemälde von Wallis. Nachdem er sich 1818 in Florenz niedergelassen hatte, arbeitete er häufig in Massa, Carrara und Spezia. Die Vermutung liegt nahe, er habe den einstigen Schüler, als dieser ihn bei Florenz besuchte, auf die Schönheiten dieser Gegend aufmerksam gemacht. Carl Rottmann, der gleichfalls schon in Heidelberg mit Wallis in Berührung gekommen war, besuchte ein Jahr später, im September 1826, Massa di Carrara und schrieb von dort an seine Frau: »Du wähnst vielleicht, dass ich schon lange in Florenz oder Rom angelangt sei, während ich noch hier in Massa bin und mich kaum von diesen herrlichen Gegenden trennen kann, die vielleicht mit die glücklichsten sind, die hier und dort dem Erdboden ausgetheilt worden.«[6]

Rottman scheint Klenze auf die Schönheiten von Massa aufmerksam gemacht zu haben, denn dieser besuchte den Ort 1827 und malte einige Jahre später eine »Landschaft mit dem Castell von Massa di Carrara«, die er 1834 in Berlin und 1835 in Dresden ausstellte.[7] Klenzes Bild lässt sich gut neben Fries' Ansicht von Massa di Carrara in Winterthur stellen, das ja ebenso wie die Heidelberger Ideallandschaft in München gemalt worden ist. Die beiden Künstler kannten sich. Klenze besaß sogar ein Gemälde von Fries, den »Wasserfall von Isola die Sora« von 1833 (Kat. Nr. 118). Es gehörte zu den über hundert Bildern aus Klenzes Besitz, die König Ludwig I. von Bayern 1841 als Grundstock für die Neue Pinakothek erwarb. Fries war Ende 1829 nach München übergesiedelt, wo im Jahr darauf die große Heidelberger Landschaft mit einem sicher programmatischen Anspruch entstand. Spätestens damals wird Fries Klenze kennen gelernt haben. Im Mai 1830 begann Rottmann mit der Ausführung seiner Landschaftsfresken in den Hofgartenarkaden. Der grandiose Stil dieser Bilder mit ihren Vereinfachungen der Gegebenheiten und den weit in den Raum ausschwingenden Gebirgs- und Küstenlinien wird Fries nicht unbeeindruckt gelassen haben, aber der jüngere Maler geht in der großen Ideallandschaft doch einen ganz eigenen Weg und leugnet die Zusammensetzung des Bildes aus verschiedenen Elementen nicht. Er beabsichtigt weniger einen augenblicklich wirkenden Gesamteindruck, vielmehr erzählt er und weckt so den wandernden und forschenden Blick.

Das Bild beginnt links vorn mit wenigen Steinquadern als Resten eines Gemäuers neben gewachsenem Fels. Natur und Kulturleistung des Menschen begegnen sich. Unter den sorgfältig behauenen, nun aber beschädigten Blöcken strömt, man sieht nicht genau wie, ein Bach hervor, um bald hinter einem Stück Terrain wieder zu verschwinden. Auf

dieser Erdscholle wächst ein Apfelbaum. Ein Mann ist in ihn hineingeklettert und wirft Früchte einer Frau zu, die mit ausgebreiteter Schürze unten steht. Weiter links liegt ein Mann im Grase und schaut dem Paar zu. Die Szene ist leicht zu deuten. Ein Paar versteht es, das Leben zu genießen – carpe diem. Dem Einzelnen bleibt nur die melancholische Kontemplation. Diese drei Menschen ordnen sich indessen der Landschaft ganz unter, ja man kann sie leicht übersehen. Die tief stehende Sonne modelliert den Boden und schafft Helldunkelkontraste. Sie ist wohl als untergehende zu sehen. Das harmoniert eher als ein Morgen mit der Mündung des Flusses ins Meer, mit den Resten von Architektur, mit der fallenden Bewegung des Geländes und auch der kleinen Geschichte der drei Menschen.

Als Auftakt der Komposition wachsen ganz links mit großenteils schon bloß liegenden Wurzeln zwei sich kreuzende, nur wenig belaubte Bäume, ein konventionelles Motiv. Die Biegung des kräftigeren der beiden Stämme bereitet auf das Gewölk links oben vor, das auch dem Abfall des Mittelgrundes nach rechts antwortet. Erst das Gebirge in der Ferne lässt die Linien wieder nach oben steigen. Großzügige Halbkreiskurven in auffälliger Wiederholung, die im Uhrzeigersinn von vorn nach hinten schwingen, geben der

Komposition ihre prägende Struktur. Der Bach vorn bereitet die große Schleife des Flusses rechts vor. Im Gelände antworten ihm der Weg, der um das Gehöft im Mittelgrund herumführt und die Begrenzungen des tiefen Grabens links und vor der Festung. So findet das Auge verschiedene Bahnen, denen es folgen kann, um sich die Tiefe des Raumes zu erobern. Wie er sich trichterförmig weitet, wird gleich vorn durch Wegführungen angedeutet. Mit dem Bach geht eine Bewegung nach rechts ins Tal, aber es führt auch neben dem markanten Steinpfeiler ein Weg nach links in unbestimmtes Dunkel. Damit wird der Blick auf ein anderes rätselhaftes Motiv gelenkt. In den Felsen am Bildrand ist ein Stollen getrieben, dessen Öffnung wie ein Portal gebildet ist. Der Weg, der ins Innere des Berges führt, weckt bedrückende Gedanken. Wie zu ihrer Abwehr breiten sich vor das Dunkel Zweige, ohne dieses einsaugende Loch wirklich zu verdecken. Immer wieder hat Fries in seine Bilder bedrohliche Höhlenmotive eingefügt.[8] Am unheimlichsten begegnet ein solches in dem kleinen Bild des Kurpfälzischen Museums »Baumbestandener felsiger Abhang mit Höhle« (Abb. 21). Der dunkle Ton, der hier angeschlagen ist, könnte der Grund für die Nachdenklichkeit des im Grase liegenden Mannes sein. Beherrscht wird das Bild jedoch durch die Festung, zu der eine doppelstöckige Bogenbrücke, dem Viadukt von Civita Castellana nicht unähnlich, führt. Zwei mächtige Rundtürme flankieren den Eingang. Die Anlage des Ganzen bietet sich jedoch nicht sonderlich wehrhaft dar. Die Ruine eines antiken Tempels, sicher kein Rundbau, erinnert an Paestum. Überragt wird das Konglomerat von Gebäuden, von denen eines am Abhang mit mächtigen Substruktionen einen palastartigen Charakter besitzt, durch eine Kirche mit gedrungenem Turm. Die Festung wirkt wie eine kleine Stadt. Dass die Zusammensetzung der Landschaft aus einzelnen Elementen mehr ist als bloßes Spiel mit Formen und dass das Bild eine Bedeutung besitzt, ist offenkundig; worin sie besteht, lässt sich jedoch nicht schlüssig sagen. Vielleicht ist der Zweig vor dem Stolleneingang, der eine dunkle Wahrheit zu verschleiern sucht, der Schlüssel. Fries hat seine Botschaft in die Form einer italienischen Landschaft gekleidet, aber es scheint, als liege der Erfindung die Erinnerung an den berühmten Blick auf das Heidelberger Schloss zugrunde, der oft gemalte vom Wolfsbrunnenweg über die Ruine hinweg auf den großen Bogen des Neckar, der sich hinten in der Rheinebene verliert. Wer in dieser Stadt als Künstler aufgewachsen ist, konnte ihr Bild nicht mehr verdrängen, auch wenn er Italien malte. Ernst Fries blieb ein Heidelberger Romantiker. Als er 1831 in Düsseldorf zwei Bilder ausstellte, schrieb ein Kritiker im Kunstblatt: »Unter den Landschaften ragten vor allem zwei Italienische von Fries in Heidelberg hervor. Hier sah man die reine treue Auffassung der glücklichs-

ABB. 21 = Kat. Nr. 75

Ernst Fries

Baumbestandener felsiger

Abhang mit Höhle, (1826/27)

(WVZ 497)

57

ten Natur, die schönsten Formen im Schmelz der durchsichtigsten klarsten Luft. Es zeigte sich an diesen Mustern recht entschieden, wie die höchsten Wirkungen in diesem Fache und Sinne möglich sind, wenn der Maler sich bescheiden begnügt, die Poesie im Zusammenvorhandenen zu entfalten und welche Vortheile er gegen den hat, der aus allerhand einzeln wahrgenommenen Naturelementen ein Phantasiebild zusammenzutragen unternimmt.«[9] Auch den heutigen Betrachter sprechen in der Regel die unmittelbaren Wiedergaben gesehener Natur mehr an als die gedankenbefrachteten Kompositionen. Letztere erscheinen zudem altertümlicher. Hier hat sich der Maler mit Josef Anton Koch auseinander gesetzt und angestrengt eine neue Form der idealen Landschaftsmalerei gesucht. Mag uns eine unvollendete Landschaft wie »Stift Neuburg und das Neckartal« von 1833 (Kat. Nr. 91) in der Leichtigkeit des Vortrags zukunftsweisender und ansprechender erscheinen, zum Wesen des Malers gehört die Spannung zwischen dem aus der Phantasie geschöpften Bildgebäude und der in glücklichem Moment von der Natur empfangenen Eingebung.

### Anmerkungen:

1   Kunstblatt 11, 1830, S. 46. Besprechung der Ausstellung in Karlsruhe 1829.

2   Sigrid Wechssler, Ernst Fries: Gemälde, Aquarelle und Zeichnungen im Besitz des Kurpfälzischen Museums Heidelberg, Heidelberg o. J., Nr. 14, hat das 1938 von Frau A. E. Biebricher in Krefeld erworbene Bild mit der Ansicht von Civitella aus der Sammlung C. A. Fries gleichgesetzt.

3   Wechssler, ebenda, Nr. 151 (entspricht Wechssler 2000, WVZ 623: Landschaftskomposition mit italienischen Motiven, 1830) und 152 (entspricht Wechssler 2000, WVZ 624: Landschaftskomposition mit italienischen Motiven, 1830).

4   Wechssler, ebenda, Nr. 61, 65.

5   Ludwig Richter: Lebenserinnerungen eines deutschen Malers, Leipzig 1950, S. 187.

6   Erika Bierhaus-Rödiger: Carl Rottmann 1797 – 1850. Monographie und kritischer Werkkatalog, München 1978, S. 116. Ein Aquarell mit der Ansicht von Massa di Carrara befindet sich im Städelschen Kunstinstitut in Frankfurt/Main, Bierhaus-Rödiger Nr. 82, Farbtafel V.

7   Norbert Lieb, Florian Hufnagl: Leo von Klenze, Gemälde und Zeichnungen, München 1979, G 35.

8   Vgl. Wechssler, a.a.O., Nr. 5.

9   Kunstblatt 12, 1831, S. 322.

# »EIN GROSSES BILD VON SORRENT
UND ALS GEGENSTÜCK
DAS HEIDELBERGER SCHLOSS«

**Über zwei Gemälde von Ernst Fries in
der Gemäldesammlung moderner Meister des Hamburger
Senators Martin Johann Jenisch d. J. (1793 – 1857)[1]**

*Uwe Heckmann*

Im letzten Jahr seines Italienaufenthaltes intensivierte Ernst Fries das Zeichnen und
Aquarellieren von bekannten und bei den Reisenden beliebten Ansichten italienischer
Landschaften, von deren Ausarbeitung zu Gemälden er sich gute Verdienstmöglichkeiten versprach.[2] Auch wollte er die jährlich stattfindenden Ausstellungen der Kunstvereine mit Ölbildern beschicken, um seinen Bekanntheitsgrad zu steigern und seinen Ruf
zu festigen. Gleich nach seiner Rückkehr nach Heidelberg ordnete er seine italienischen
Landschaftsstudien, um sie als Vorlagen für spätere Gemälde heranzuziehen. Die vor Ort
angefertigten ausführlichen Kompositionsskizzen sowie Detailstudien mit den genauen
Farbangaben zur Bestimmung der luministischen Verhältnisse gehen in exakte, bildmäßig ausgeführte Vorzeichnungen ein. Im Winter 1828/29 begann er, neben italienischen
Landschaften auch verschiedene Ansichten seiner Heimatstadt und des Neckartals mit
dem Stift Neuburg in Gemälde umzusetzen.[3] Während seines gut zweijährigen Aufenthaltes in München arbeitete Fries vornehmlich an Gemälden und hielt Kontakt zum
dortigen Kunstverein, dem er seit 1829 als Mitglied angehörte.[4] Gleichzeitig beschickte
er die Ausstellungen der Kunstvereine in Karlsruhe, Düsseldorf, Berlin und Hamburg
mit Ölbildern, die in der zeitgenössischen Kunstliteratur wachsende Beachtung fanden.
So heben die Rezensenten im von Ludwig Schorn herausgegebenen ›Kunst-Blatt‹ an den
italienischen Landschaften von Fries zum einen die »Poussin'sche Art« der Licht- und
Luftdarstellung hervor[5] und zum anderen zeigen sie sich vom »tiefe[n] Naturgefühl«,
dem »gründliche[n] Colorit« sowie der »seltene[n] Wissenschaft in der Technik« beeindruckt.[6] Letztlich führten sowohl die Ausstellungsbeteiligungen als auch das Kritiker-
lob in den einschlägigen Kunstzeitschriften dazu, dass immer mehr Werke von Fries angekauft wurden und er um 1830/31 lukrative Aufträge von kunstsinnigen Sammlern erhielt.[7] Er selbst spricht in seinem am 23. April 1831 an den Großherzog Leopold von Baden gerichteten Gesuch, in dem er um die Ernennung zum Hofmaler oder zum Profes-

sor für Landschaftsmalerei an der Akademie bittet, davon, dass er nunmehr das Glück habe, »durch namhafte Bestellungen auf der unternommenen Kunstreise nach München bis jetzt hinlänglich beschäftigt zu seyn und nicht ohne einige Zuversicht erwarten darf dass [seine] im Ausland sich ausbreitenden Arbeiten und günstigen öffentlichen Urtheile darüber, [ihm] Anträge annehmlicher Stellen zuziehen werden«.[8]

Auch die kürzlich in Hamburg aufgetauchten beiden Gemälde von Ernst Fries verdanken ihre Entstehung einem Auftrag, den ein wohlhabender Sammler 1830 an den Künstler erteilte – Martin Johann Jenisch d. J. (1793 – 1857), ein angesehener Kaufmann und Bankier, der mit seiner ausgesuchten Kollektion moderner Meister zur »Gründergeneration bürgerlichen Sammelns« in der Hansestadt gehörte.[9] Jenisch hatte 1829 begonnen, eine Sammlung zeitgenössischer Malerei anzulegen, wobei er seine ersten Erwerbungen aus den Ausstellungen des Hamburger Kunstvereins tätigte. Noch im selben Jahr unternahm er mit seiner Frau Fanny und seiner Nichte Bertha eine ausgedehnte Reise, die ihn über Berlin, Dresden, Prag und Wien nach Italien führte. Durch diese typische, von September 1829 bis August 1830 dauernde Bildungsreise lernte er nicht nur die führenden Kunststädte Deutschlands kennen, sondern auch die wichtigsten Galerien und architektonischen Monumente Italiens sowie zahlreiche dort lebende Künstler. Vor allem während seines halbjährigen Aufenthaltes in Rom, aber auch in Florenz und auf seiner Rückreise in München, kaufte er Gemälde ein und bestellte andere direkt bei den Künstlern. Neben Bildern gehörten auch Gipsabgüsse, Marmorarbeiten und Plastiken zu seinen erworbenen Kunstgegenständen, die er von Livorno aus nach Hamburg einschiffte. Allein für das Jahr 1830 lassen sich 24 Gemälde-Ankäufe nachweisen, für die beiden folgenden Jahre 27.[10] Neben dem direkten Ankauf von den Künstlern, nutzte Jenisch seine engen Kontakte zum Kunsthandel und das sich ausbreitende Netz der Kunstvereine, um seine Kollektion weiter auszubauen. Bei einer zweiten Italienreise in den Jahren 1838/39 kaufte und bestellte Jenisch noch einmal Bilder in Rom.[11] Danach wurden die Erwerbungen seltener und hörten Anfang der 1840er-Jahre ganz auf. Denn nach dem großen Hamburger Stadtbrand von 1842 stand er als Bausenator der Wiederaufbaukommission vor und war mit der »Durchsetzung eines der modernsten Planungsprojekte auf dem Gebiete des Städtebaus des 19. Jahrhunderts« vollauf beschäftigt.[12] Innerhalb eines Jahrzehnts waren zwischen 1830 und 1840 mehr als 100 Gemälde zusammengekommen, die in seinem modernen Landsitz im Tal der Flottbeck am Elbufer, dem heutigen Jenisch-Haus, eine adäquate und repräsentative Unterkunft fanden.[13] Denn dieser zwischen 1831 und 1834 nach Plänen des Hamburger Baumeisters Franz Gustav Forsmann und des Berliner Architekten Karl Friedrich Schinkel im Stil einer flachgedeckten italienischen Villa errichtete klassizistische Bau bildete den idealen Rahmen für den besonderen Charakter und den vornehmlich italienisch geprägten Motivkreis der meisten Gemälde seiner Sammlung. Jenisch bevorzugte

zunächst die in Rom lebenden deutschen Maler und ihre Ansichten prominenter italienischer Landschaften und Bauwerke. Später traten Genrebilder der Düsseldorfer, Münchener und Berliner Malerschule hinzu, auch einige zeitgenössische Niederländer waren vertreten, so dass die Sammlung in Hamburg nicht nur zur größten Privatgalerie moderner Meister avancierte, sondern zugleich ein »Panorama der gängigen Kunstbestrebungen« bot.[14] Hierin und mit seiner Entscheidung, junge, noch lebende Künstler zu sammeln, traf er sich mit den Aktivitäten des 1817/18 gegründeten, aber erst seit 1827 mit regelmäßigen Ausstellungen in die Öffentlichkeit getretenen Hamburger Kunstvereins.[15] Gleich nach seiner Italienreise wurde er 1830 Mitglied des Vereins und konnte schon im folgenden Jahr als »Mitdirektor« der alle zwei Jahre stattfindenden Kunstausstellungen aktiv die Geschmacksbildung in Hamburg beeinflussen, indem er Künstler seiner Sammlung propagierte und präsentierte.[16] Auch die Gemäldegalerie selbst erlangte schnell einen hohen Bekanntheitsgrad und wurde zu einer veritablen Sehenswürdigkeit für die Reisenden. Schon 1833 konnte man sie im ›Hamburgische[n] Adress-Buch‹ im Verzeichnis »öffentlicher Anstalten, Gebäude und einiger anderer Merkwürdigkeiten« unter der Rubrik »Kunst-Sammlungen« aufgeführt finden, und zwar mit dem charakteristischen Zusatz: »Bilder moderner Meister«.[17] Alle einschlägigen Reise- und Fremdenführer für Hamburg wiesen in den 1840er und 1850er-Jahren eigens auf den Flott-becker Landsitz des Senators hin und betonten, daß sowohl der Park als auch die Ge-mäldesammlung »theilweise besucht werden« durften.[18] Welch hohen Stellenwert die Sammlung schon in den 1830er-Jahren auch in den Kreisen der professionellen Kunstge-lehrten genoss, beweist die Tatsache, dass der Berliner Galeriedirektor Gustav Friedrich Waagen auf seiner Reise nach England im Mai 1835 in der Hansestadt Station machte und »gern einige Sammlungen von Bildern, wie die beiden des Senators Jänisch und seines Bruders besehen« hätte, dies aber aus Zeitgründen nicht tun konnte.[19]

Wie und wann kamen nun die beiden genannten Gemälde von Ernst Fries in die Sammlung von Martin Johann Jenisch d. J.? Fries unterhielt nach seiner Rückkehr aus Italien Beziehungen zu diversen Kunstvereinen, so auch zu dem in Hamburg. Im Ver-zeichnis der zweiten Ausstellung des Hamburger Kunstvereins, die im April 1829 eröff-net wurde, wird er mit insgesamt vier Gemälden aufgeführt.[20] Er hatte drei italienische Landschaftsbilder und eine Ansicht von Berchtesgaden geschickt, wobei letztere vom Kunstverein angekauft wurde und bei der 1829 veranstalteten ›Gemäldeverlosung‹ in den Besitz eines Herrn G. Thomson überging.[21] Auch 1831 war Fries mit fünf Gemäl-den in der Hamburger Ausstellung vertreten, und erneut hatte er vier italienische Land-schaften und ein Bild mit der »Gegend bey Berchtesgaden« ausgewählt.[22] Jenisch konn-te somit in Hamburg Werke von Fries kennen lernen, doch hat sich der persönliche Kontakt zwischen Auftraggeber und Künstler erst auf der Rückreise von Italien ergeben können, und zwar in München, wo sich Jenisch zwischen dem 17. und dem 28. Juli 1830 aufhielt. Dort besuchte er den Englischen Garten, die Hofarkaden, die Gemäldegalerie und den Tivoli, wie man dem Tagebuch von Johanna Charlotte Osmann, der Kammer-jungfer von Bertha Jenisch, entnehmen kann.[23] Auch sprach er bei Carl Rottmann vor, den er in Italien kennen gelernt hatte und der in München gerade mit der Ausmalung der Hofarkaden beschäftigt war.[24] Über Rottmann trat Jenisch höchstwahrscheinlich in Kontakt zu Fries, der sich zwischen Herbst 1829 und Sommer 1831 in München befand. Die beiden Jugend- und Studienfreunde Fries und Rottmann dürften sich mehrmals begegnet sein, waren sie doch beide Mitglied im Münchener Kunstverein und stellten dort regelmäßig aus.[25] Im Sommer 1830 konnte Jenisch in der Ausstellung des Kunst-vereins auch jene ›Ansicht des Wasserfalls von Tivoli‹ von Ernst Fries sehen, die im ›Kunst-Blatt‹ aufgrund ihrer »bewunderungswürdige[n] Wahrheit, Farbenkraft und Wirkung« besondere Beachtung fand.[26] Schon 1829 durch die Hamburger Ausstellung mit Werken von Fries bekannt geworden, stieß er in München nochmals auf dessen vielgelobte italienische Landschaftsbilder und wird während dieses Aufenthaltes bei ihm eine Bestellung aufgegeben haben. Leider ließen sich bisher keine direkten archiva-lischen Belege für einen solchen Auftrag auffinden, einzig eine Notiz in der zeitgenössi-schen Kunstliteratur belegt, dass Jenisch mehrere Gemälde bei Fries in Auftrag gegeben hat. In Athanasius von Raczynskis 1840 in deutscher Übersetzung erschienener ›Geschichte der neueren deutschen Kunst‹ findet sich im zweiten Band, wo u. a. über die deutschen Kunststädte und ihre Malerschulen berichtet wird, ein Kapitel über Karlsruhe, in dem ein Artikel über Ernst Fries ausführlich informiert. Raczynski lässt seine Leser in einer Anmerkung wissen, dass das ganze Kapitel »das Werk eines Einwohners von Karlsruhe« und »im Jahre 1837« geschrieben worden sei. Dieser Hinweis ist insofern von Bedeutung, als der Autor gegen Ende seines Artikels verschiedene Besitzer von Fries-Gemälden namentlich aufführt – Informationen, die er nur aus dem Freundes- oder Familienkreis des Künstlers bezogen haben kann. Neben dem von Christian Adam Fries fällt hier auch der Name von Jenisch, im Wortlaut steht zu lesen: »Mehrere seiner schönsten Landschaften sind in Hamburg in den Händen des Senators M. J. Jenisch, welcher gleich 5 Bilder auf einmal bei ihm bestellt hatte.«[27] Da auch Fries selbst 1831 in seinem oben zitierten Gesuch von »namhaften Bestellungen« in der Münchener Zeit spricht, kann unter Einbeziehung der bei Raczynski veröffentlichten zeitgenössischen Quelle davon ausgegangen werden, dass Jenisch die besagten fünf Gemälde während seines Aufenthaltes in München in Auftrag gab. In seiner Sammlung befinden sich jedoch nur zwei Bilder von Ernst Fries, deren Erwerb im ›Journal‹, in das Jenisch seine Einnahmen und Ausgaben akribisch eintrug, verzeichnet sind. So findet sich dort am 26. Mai 1831 der Eintrag, dass »570, 15 Mark« an Ernst Fries »für 1 Gemälde/Sorrent/« gezahlt wurde.[28] Zwei Jahre später, am 16. April 1833, hält das ›Journal‹ nochmals eine Ausgabe von »577, 5 Mark« für ein »Gemälde von E Fries« fest.[29] Ein Artikel im ›Kunst-Blatt‹ vom Mai 1834, der über »Bestand und Wirken des Kunstvereins in München während des Jahres 1833« berichtet, erwähnt diese beiden Gemälde. Der Autor führt mehrere Werke von Fries mit ihren zeitgenössischen Besitzern auf, darunter auch »Hr. Senator Jenisch in Hamburg«, in dessen Besitz »ein großes Bild von Sorrent und als Gegenstück das Heidelberger Schloß« gingen.[30] Es ist davon auszugehen, dass der frühe Tod von Ernst Fries im Oktober 1833 verhinderte, dass er die Bestellung von fünf Gemälden für Jenisch erfüllen konnte und dass sich daher nur jene beiden im ›Kunst-Blatt‹ genannten und im ›Journal‹ aufgeführten in der Hamburger Sammlung befanden.

Bei diesen handelt es sich um zwei großformatige Gemälde, die zum einen den ›Blick auf Sorrent und den Golf von Neapel‹ (Abb. 22) und zum anderen den ›Blick auf die Ruinen des Heidelberger Schlosses und den Neckar‹ darstellen.[31] Fries hatte während seines Italienaufenthaltes den Golf von Neapel besucht und dort zahlreiche Skizzen, Zeichnungen und Aquarelle angefertigt.[32] Diese im Sommer 1826 unternommene Reise führte ihn im Juli und August mehrmals nach Sorrent, wo er umfängliche Landschafts- und Naturstudien betrieb.[33] Im Verlauf dieses Jahres mehrten sich die Zeichnungen und Aquarelle, die auf eine malerische Gesamtwirkung zielten und die Fries bildmäßig ausführte, da er diese – wie weiter oben angedeutet – nach seiner Rückkehr auszuwerten und in Ölbilder umzusetzen plante. Über eine Bleistiftzeichnung legt er mit Farben diejenigen landschaftlichen Teile an, die für das Kolorit und die allgemeinen Beleuchtungsverhältnisse bedeutsam sind. In der Komposition verzichtet er weitgehend auf das rahmende Beiwerk und versucht größere landschaftliche Motive als räumliches Kontinuum zusammenzuschließen. Die Genauigkeit in der Wiedergabe betrifft nicht mehr nur die gegenständliche Wirklichkeit des Motivs, sondern ihre luministische Gesamterscheinung.[34] Die ausgeführten Zeichnungen und Aquarelle, aber auch Skizzen und Detailstudien, gehen nach seiner Rückkehr aus Italien als anschauliches Material in genaue Vorzeichnungen ein, die als Vorlagen für Gemälde dienen. So auch bei dem 1830 datierten Gemälde mit der Ansicht von Sorrent aus der Sammlung Jenisch. Hierzu hat sich der Karton erhalten, eine lavierte Federzeichnung, auf der sowohl die Komposition und die Beleuchtungsverhältnisse als auch die im Schatten liegende Vordergrundszenerie mit dem Repoussoirbaum und dem Bildstock festgehalten sind.[35] Das Gemälde weicht nur im Vordergrund von der Entwurfszeichnung ab, wo Fries einen kleineren Repoussoirbaum mit einer Agave sowie drei Staffagefiguren in der Nähe des Bildstocks einfügt, welche die Ansicht szenisch beleben. Sowohl der Bildstock als auch die Agave sind motivische Versatzstücke, die er des öfteren auf seinen bühnenmäßig gestalteten Vordergründen nach bildnerischen Gesichtspunkten arrangiert.[36] Der Landschaftsausschnitt mit den hell leuchtenden Gebäuden der Küstenstadt Sorrent und den Bergen um den Monte Faito ist von einem erhöhten Standpunkt aus aufgenommen. Der Landschaftsraum entwickelt sich in gleitenden Linienverläufen in die Tiefe und nähert sich in der Ferne, dort, wo sich die Profile der Berge im gleißenden Dunst der Sonne verlieren, immer mehr der Waagrechten an. Diese horizontalen, kontinuierlich ineinander übergehenden Bildgründe machen die »Notwendigkeit des anschaulichen Zusammenhangs«[37] der Landschaft sichtbar und vermitteln mit dem differenzierten Kolorit und der Lichtführung überzeugend die Illusion räumlicher Ferne, wobei die Bildschärfe der dargestellten Gegenstände nicht abnimmt. Vor allem das Licht, welches die plastischen Baukörper der Stadt klar hervortreten lässt und zugleich die fernen Berge in einen blassblauen Dunstschleier hüllt, und die fein changierenden Blautöne des Meeres geben der Ansicht jenen südländisch-mediterranen Charakter, welcher der Erwartungshaltung des Sammlers und Italienreisenden Martin Johann Jenisch entgegenkommen musste. Denn neben der vorzüglichen technischen Ausführung mit ihrer Detailgenauigkeit und der koloristischen Finesse war es auch der nostalgische Erinnerungswert, den er an diesem Gemälde geschätzt haben wird. Hatte er doch selbst im April/Mai 1830 Neapel, Sorrent und die Insel Capri bereist und dabei auf dem Rücken eines Esels die »Schönen Gegenden in Augenschein« genommen, wie das Tagebuch der Kammerjungfer Osmann überliefert.[38] Bei der Ansicht mit dem Heidelberger Schloss handelt es sich um eine Replik des Gemäldes mit der Darstellung von Stadt und Schloss Heidelberg von Osten aus dem Jahr 1829, das sich heute in der Berliner Nationalgalerie befindet (Abb. 11).[39] Es ist sowohl im Format, in der technischen Ausführung und Motiverfassung als auch in der detailgenauen Wiedergabe der Schlossruine und der stimmungsvollen Lichtregie mit der Berliner Fassung identisch. Einzig der Vordergrund zeigt einige Varianten, da Fries die Repoussoirbäume in ihrer Umrissgestalt und die Staffage verändert hat. Nun haben sich die im zeitgenössischen Habit gekleideten Menschen im linken Vordergrund am Rande des kleinen Hügels niedergelassen und scheinen in den Anblick des monumentalen Baukörpers versunken zu sein. Zudem lagert ein Hirte auf einem ruinösen Mauervorsprung, der die im Gras liegenden oder weidenden Ziegen bewacht, die im rechten Vordergrund zu sehen sind. Wegen der starken Beschädigungen im unteren Drittel des Bildes konnten eventuell angebrachte Bezeichnungen, wie Datum und Signatur, bisher nicht ermittelt werden. Hinsichtlich der Datierung lässt sich jedoch Folgendes sagen: Die lavierten Federzeichnungen, die als Vorlagen für die Gemälde mit Heidelberg-Ansichten dienten, stammen aus dem Jahr 1829.[40] Im selben Jahr fertigte Fries auch die dazugehörigen, bisher in fünf Fassungen vorliegenden Gemälde in unterschiedlichen Formaten an.[41] Die Pinsellavierungen wurden darüber hinaus noch als Vorlagen für eine Serie von vier Lithographien herangezogen, die Carl Heinzmann schuf und von denen drei 1832 und die vierte 1840 bei Ludwig Meder in Heidelberg erschienen.[42] Die dem Gemälde aus der Sammlung Jenisch entsprechende Lithographie mit der Ansicht des Heidelberger Schlosses von Osten wurde 1832 veröffentlicht und sie zeigt eine vergleichbare Vordergrundszenerie.[43] Der Erwerb des Gemäldes fiel in den April des Jahres 1833, wie im ›Journal‹ von Jenisch festgehalten wurde. Mit diesen Eckdaten, dem Erscheinen der Lithographie und dem Ankauf des Bildes, kann die Entstehung des Gemäldes in die Jahre 1832/33 verlegt werden. Beide Gemälde sind hinsichtlich ihrer technischen Ausführung, der Motivwahl wie der -gestaltung repräsentativ für die Landschaftskunst von Ernst Fries, bei der sich »Treue mit Gefühl, Poesie mit Wirklichkeit« verbindet, wie es Aloys Schreiber in seinem ›Nekrolog‹ formuliert.[44] Und beide zeugen sie mit ihrer koloristischen und maltechnischen Bravour nicht nur von der Meisterschaft des Künstlers, sondern indirekt auch vom Kunstverstand ihres Käufers Martin Johann Jenisch, der mit ihnen zwei ausgesprochen qualitätvolle Ölbilder des badischen Hofmalers in seine Sammlung moderner Meister integrierte.

Anmerkungen:

1   Im Frühjahr diesen Jahres wurde ein Gemälde von Ernst Fries im Jenisch-Haus in Hamburg anlässlich einer Ausstellung von Teilen der Gemäldesammlung des Senators Martin Johann Jenisch d. J. gezeigt. Erste Nachforschungen ergaben, dass sich im Gemälde-Magazin des Jenisch-Hauses noch ein weiteres Bild von Fries befand.

Da beide Gemälde noch nicht im kürzlich erschienenen Werkverzeichnis des Künstlers erfasst sind, sollen sie hier gesondert vorgestellt werden. - Für ihr freundliches Entgegenkommen bei meinen Recherchen danke ich Frau Dr. Bärbel Hedinger, der zuständigen Konservatorin am Altonaer Museum in Hamburg, das für die kunsthistorische Betreuung des Jenisch-Hauses verantwortlich ist.

2 Vgl.: Sigrid Wechssler, Ernst Fries (1801 – 1833). Monographie und Werkverzeichnis, Heidelberg 2000, S. 45.

3 Vgl. ebd., S. 45 – 47, WV-Nr. 566, 568 – 571, 573 – 580, 586 – 604.

4 Vgl.: Curt Gravenkamp, Ernst Fries. 1801 – 1833. Sein Leben und seine Kunst, Phil. Diss. Frankfurt/Main 1925, S. 52 – 53; Elisabeth Bott, Ernst Fries (1801 – 1833). Studien zu seinen Landschaftszeichnungen, Leverkusen 1978 [zugl. Phil. Diss. Heidelberg 1976], S. 50 – 51; Wechssler, a.a.O. (Anm. 2), S. 47 – 48.

5 Kunst-Blatt, Eilfter Jahrgang, hrsg. von Ludwig Schorn, Tübingen und Stuttgart, Nr. 66 vom 19.08.1830, S. 263 – 264: »München, im August«.

6 Kunst-Blatt, Dreizehnter Jahrgang, hrsg. von Ludwig Schorn, Tübingen und Stuttgart, Nr. 102 vom 20.12.1832, S. 407 – 408: »Kunstausstellung in Karlsruhe«.

7 Vgl.: Wechssler, a.a.O. (Anm. 2), S. 48; WV-Nr. 230, 633, 678.

8 Badisches Generallandesarchiv Karlsruhe, Abt. 56/263 – 264 (Ernst Fries, Hofmaler in Heidelberg 1831 – 1832), hier Abt. 56/263 (Gesuch von Ernst Fries), S. 2.

9 Bärbel Hedinger / Alexandra Köhring, Eine Sammlung moderner Meister, in: Die Gemäldesammlung moderner Meister des Hamburger Senators Martin Johann Jenisch d. J. (1793 – 1857), Altonaer Museum in Hamburg / Jenisch Haus, Hamburg 2000, S. 8 [zugl. Kulturstiftung der Länder – Patrimonia Bd. 116]; vgl. zur Jenisch-Sammlung auch: Ausstellungskatalog ›Die Gemäldesammlung des Hamburgischen Senators Martin Johann Jenisch d. J. (1793 – 1857)‹, Katalogbearbeitung Christine Knupp, Altonaer Museum, Hamburg 1973; Archivalien und Dokumente zur Familie Jenisch u. a., zusammengestellt von Karl-Heinz Schult, 10 Bde, Bibliothek des Altonaer Museums Hamburg.

10 Vgl.: Ausstellungskatalog ›Die Gemäldesammlung [...]‹, a.a.O. (Anm. 9), S. 12; Hedinger / Köhring, a.a.O. (Anm. 9), S. 19.

11 Vgl.: Friedrich Noack, Deutsches Leben in Rom 1700 – 1900, Stuttgart / Berlin 1907, S. 196; August Kestner und seine Zeit 1777 – 1853. Das glückliche Leben des Diplomaten, Kunstsammlers und Mäzens in Hannover und Rom. Aus Briefen und Tagebüchern zusammengestellt von Marie Jorns, Hannover 1964, S. 310: »Ich habe nicht ermangelt, diesen Großmut dem Herrn Senator Jenisch zu berichten, dem Millionär, der sogar Overbeck abzudingen versuchte.«

12 Günther Grundmann, Der Senator Martin Johann Jenisch d. J., in: Ausstellungskatalog ›Die Gemäldesammlung [...], a.a.O. (Anm. 9), S. 6 – 8, hier S. 7.

13 Die Sammlung war allerdings nicht nur in der Landvilla, sondern ab 1845 in Teilen auch im Stadtpalais von Jenisch an den Großen Bleichen in Hamburg untergebracht. Zur Bau- und Ausstattungsgeschichte des Jenisch-Hauses vgl.: Günther Grundmann, Jenischpark und Jenischhaus, Hamburg 1957; Christian L. Küster, Jenisch-Haus Hamburg. Museum großbürgerlicher Wohnkultur, 5. Auflage, Regensburg 1998 [zugl. Schnell, Kunstführer Nr. 1322]. Eine ausführliche Beschreibung des Stadtpalais, das 1907 abgerissen wurde, findet sich bei: Robert Körner, Das Jenisch-Palais auf den Großen Bleichen, in: Hamburger Fremdenblatt vom 8. April 1907.

14  Hedinger / Köhring, a.a.O. (Anm. 9), S. 11; vgl. zu den Sammlungen zeitgenössischer Malerei im 19. Jahrhundert in Deutschland: Gudrun Calov, Museen und Sammler des 19. Jahrhunderts in Deutschland, Berlin 1969 [zugl. Museumskunde Bd. 38], S. 160 – 166. Über private Kunstsammlungen in Hamburg bis 1933 informiert neuerdings ausführlich: Private Schätze. Über das Sammeln von Kunst in Hamburg bis 1933, hrsg. von Ulrich Luckhardt und Uwe M. Schneede, Hamburg 2001 [zugl. Katalog zur Ausstellung ›Picasso, Beckmann, Nolde und die Moderne. Meisterwerke aus frühen Privatsammlungen in Hamburg‹, Hamburger Kunsthalle 2001].

15  Vgl. zur Geschichte des Hamburger Kunstvereins: Marina und Uwe M. Schneede, Der Zweck des Kunstvereins ist mehrseitige Mittheilung über bildende Kunst, in: Industriekultur in Hamburg. Des Deutschen Reiches Tor zur Welt, hrsg. von Volker Plagemann, München 1984, S. 336 – 340, 384.

16  Vgl.: Protocoll des Kunstvereins 1822 – 1847, 12te Versammlung vom 26. März 1830, S. 41 (Mitgliedschaft von Jenisch); 6te Versammlung vom 14. Februar 1831, S. 43 (Wahl zum »Mitdirektor« der Kunstausstellung). Archiv der Hamburger Kunsthalle, 62a.

17  Hamburgisches Adress-Buch für das Jahr 1833, S. 447.

18  Vgl. u.a.: Neuer Fremden-Führer durch Hamburg, Hamburg 1843, S. 40; Der Fremde in Hamburg. Malerischer Fremdenführer durch Hamburg, Altona und deren Umgebungen, Hamburg 1846, S. 94, 139; Neuester Führer durch Hamburg, Altona und deren Umgebungen. Von einem Hamburger, Hamburg 1847, S. 80, 151; Neuester Wegweiser durch Hamburg und seine Umgebungen, Berlin 1850, S. 57, 60. Eine ausführliche Beschreibung des Parkes und Orchideenhauses sowie der Landvilla gibt der Schwede Magnus Hollertz, der 1853 seinen Dienstherrn, den Freiherrn Carl Heinrich Gyllenhaal, nach Hamburg begleitete. Dabei konnte er unter Aufsicht des Kunstgärtners Cramer auch die Innenräume des Jenisch-Hauses besuchen und weiß interessante Details über deren Ausstattung zu berichten. Vgl.: Hamburg von einem Fremden gesehen 1853. Auszüge aus dem Reisebericht des Magnus Hollertz aus Stockholm, hrsg. von Walter Hävernich, Hamburg 1968, S. 46 – 52.

19  Gustav Friedrich Waagen, Kunstwerke und Künstler in England, 3 Bde, Berlin 1837 – 1839, hier Bd. I, S. 8.

20  Vezeichnis der zweiten vom Hamburger Kunstverein veranlassten Kunst-Ausstellung, Hamburg 1829, S. 6 – 7, Nr. 51 – 52.

21  Berichte der Gemälde-Verlosung in Hamburg von 1827 – 1851, o.S., Verlosung 1829: »E. Fries, Ansicht von Berchtesgaden an G. Thomson«. Leider konnte bisher weder die Identität des Besitzers noch der weitere Verbleib des Gemäldes ermittelt werden. Bei Wechssler, a.a.O. (Anm. 2), wird es unter der WV-Nr. 728 aufgeführt. – An den Gemälde-Verlosungen, einer Art Bilderlotterie, die der Hamburger Kunstverein 1826 ins Leben gerufen hatte, nahm Fanny Jenisch seit 1826, Gottlieb Jenisch, der Bruder des Senators, seit 1827, und Martin Johann Jenisch selbst seit 1831 regelmäßig teil. Archiv der Hamburger Kunsthalle, 62a.

22  Verzeichnis der dritten vom Hamburger Kunstverein veranlassten Kunst-Ausstellung, Hamburg 1831, S. 15, Nr. 112 – 116. Danach nimmt Fries an den Hamburger Ausstellungen nicht mehr teil. Allerdings taucht sein Name noch einmal in den Protokollen des Kunstvereins auf. In der Versammlung vom 20. Januar 1834 wurde über eine Anfrage aus Heidelberg gesprochen, ob der Kunstverein sich finanziell an dem »in seiner Vaterstadt zu errichtende[n] Denkmal« für den im Oktober 1833 verstorbenen Künstler beteilige. Aus dem geplanten Denkmal wurde eine schlichte Gedenktafel, die man erst 1841 am Friesenweg unterhalb des Molkenkur-Massivs anbrachte.

Vgl.: Protocoll des Kunstvereins 1822 – 1847, 2te Versammlung vom 20ten Januar 1834, S. 52 – 53. Archiv der Hamburger Kunsthalle, 62a; Georg Poensgen, Zur Freilegung einer alten Heidelberger Gedenktafel für den Maler Ernst Fries, in: Ruperto Carola, 25. Jg., Bd. 51, August 1973, S. 83 – 85.

23 Vgl.: Johanna Charlotte Osmann, Tagebuch v. 15 Septb 1829 Die Reise Durch Gantz Deutschland und Ithalien und so wieder Durch die Schweitz nach Hamburg den 9 August 1830, Staatsarchiv Hamburg, Bestand 731 – 1, Handschriftensammlung DXC VII 597, o. S., Einträge vom 17. bis 28.07.1830. Ich danke Herrn Karl-Heinz Schult, Hamburg, für seine freundliche Hilfe und die gewährte Einsichtnahme in seine Transkription des Tagebuchs, welche als Typoskript in der Bibliothek des Altonaer Museums vorhanden ist.

24 Rottmann kündigt 1829 den Besuch in einem Brief an seine Frau an: Erika Bierhaus-Rödiger, Carl Rottmann 1797 – 1850. Monographie und kritischer Werkkatalog. Mit Beiträgen von Hugo Decker und Barbara Eschenburg, München 1978, Dok.-Nr. 43, S. 123 – 124. Jensich hat wohl auf der Rückreise von seiner zweiten Italienreise 1839 ein Gemälde bei Rottmann in München gekauft, welches er 1841 auf der Hamburger Kunstvereins-Ausstellung präsentierte. Vgl. hierzu: Ebd., Kat.-Nr. 357, S. 297 – 298; Ausstellungskatalog ›Die Gemäldesammlung […], a.a.O. (Anm. 9), Kat.-Nr. 47; Verzeichnis der achten vom Hamburger Kunstverein veranlassten Kunst-Ausstellung, Hamburg 1841, S. 36, Nr. 339.

25 Vgl.: Gravenkamp, a.a.O. (Anm. 4), S. 52 – 53; Bott, a.a.O. (Anm. 4), S. 50 – 51.

26 Kunst-Blatt, a.a.O. (Anm. 5), S. 264.

27 Athanasius Graf von Raczynski, Geschichte der neueren deutschen Kunst, 3 Bde, Berlin und Düsseldorf 1836 – 41, hier Bd. II, Berlin 1840, S. 567 – 568.

28 Journal 1827 – 1842, Staatsarchiv Hamburg, Bestand 622 – 1 (Familie Jenisch), C II b1, S. 75.

29 Ebd., S. 118.

30 Kunst-Blatt, Fünfzehnter Jahrgang, hrsg. von Ludwig Schorn, Tübingen und Stuttgart, Nr. 40 vom 20.05.1834, S. 158. Der Kunstschriftsteller Gerd K. Nagler übernimmt diese Besitzer-Hinweise in den Artikel über Ernst Fries in seinem ab 1835 erscheinenden ›Künstler-Lexikon‹. Vgl.: Neues Allgemeines Künstler-Lexikon, bearbeitet von G. K. Nagler, 3. Auflage, Leipzig 1924, Bd. 5, S. 182 – 183.

31 Angaben zu den Bildern: Blick auf Sorrent und den Golf von Neapel, Öl/Lw., 58,0 x 79,5 cm, bez.u.l.: E. Fries. 1830, Altonaer Museum Hamburg. Blick auf die Ruinen des Heidelberger Schlosses und den Neckar, Öl/Lw., 57,0 x 78,0 cm, Altonaer Museum Hamburg. Die Oberfläche des letztgenannten Gemäldes ist stark beschädigt und weist zahlreiche Farbabsplitterungen auf. Der gesamte Vordergrund wurde bei einer früheren restauratorischen Maßnahme mit einem Festigungsmittel (Wachs) überzogen, weshalb dort die dargestellten Motive nicht mehr zu erkennen sind. Die Schäden rühren vermutlich von einer zu langen Lagerung in einem relativ luftfeuchten Raum her. Freundliche Mitteilungen von Frau Janssen, der Restauratorin des Altonaer Museums Hamburg, dem 1969 der größte Teil der Gemäldesammlung des Senators Jenisch durch den derzeitigen Besitzer, Johann Christian Freiherr von Jenisch, als Dauerleihgabe anvertraut wurde. Vgl.: Ausstellungskatalog ›Die Gemäldesammlung […]‹, a.a.O. (Anm. 9), S. 18, 21 – 22, Kat.-Nr. 15.

32 Vgl.: Gravenkamp, a.a.O. (Anm. 4), S. 46 – 49; Bott, a.a.O. (Anm. 4), S. 45 – 46; Wechssler, a.a.O. (Anm. 2), S. 41 – 42, WV-Nr. 328 – 397.

33 Vgl.: Wechssler, a.a.O. (Anm. 2), WV-Nr. 357 – 369, 376 – 382.

34  Vgl.: Gravenkamp, a.a.O. (Anm. 4), S. 78–79; Bott, a.a.O. (Anm. 4), S. 78–82; Wechssler, a.a.O. (Anm. 2), S. 38, 41.

35  Vgl.: Wechssler, a.a.O. (Anm. 2), WV-Nr. 679. Die dort vorgenommene Datierung muss, da das Gemälde aus der Sammlung Jenisch bezeichnet ist, auf das Jahr 1830 korrigiert werden.

36  Vgl. ebd., WV-Nr. 258, 430, 435, 613, 636–639.

37  Gravenkamp, a.a.O. (Anm. 4), S. 86.

38  Vgl.: Osmann, a.a.O. (Anm. 23), o. S., Einträge vom 16.04. bis 20.05.1830.

39  Vgl.: Wechssler, a.a.O. (Anm. 2), WV-Nr. 598. Ein Aufsatz des Verfassers im vorliegenden Katalog behandelt ausführlich das Berliner Gemälde.

40  Vgl.: Wechssler, a.a.O. (Anm. 2), WV-Nr. 592–596, 599.

41  Vgl. ebd., WV-Nr. 588, 589, 597, 598, 600; Verzeichnis der im Kurpfälzischen Museum der Stadt Heidelberg vom 1. Juni bis zum 1. Oktober 1927 ausgestellten Werke von Ernst Fries, Landschaftsmaler aus Heidelberg 1801–1833, bearbeitet von Karl Lohmeyer, Nr. 40–44. Das Bild aus der Jenisch-Sammlung wäre demnach das sechste bisher bekannte Gemälde mit einer Heidelberg-Ansicht.

42  Vgl.: Gravenkamp, a.a.O. (Anm. 4), S. 112–114; Heidelberg im Wandel der Zeit. Graphische Darstellungen der historischen Stadt, hrsg. von Thilo Winterberg, bearbeitet von Michaela-Patricia Stahl, Heidelberg 1996, Kat.-Nr. 117–120.

43  Vgl.: Heidelberg im Wandel der Zeit, a.a.O. (Anm. 42), Kat.-Nr. 119.

44  Kunst-Blatt, Vierzehnter Jahrgang, hrsg. von Ludwig Schorn, Tübingen und Stuttgart, Nr. 99 vom 10.12.1833, S. 395–396: »Nekrolog badischer Künstler. Ernst Fries«.

# ERNST FRIES UND DIE LITHOGRAPHIE

*Anja-Maria Roth*

Die Arbeiten von Elisabeth Bott[1], Curt Gravenkamp[2] und Sigrid Wechssler[3] geben – in ihrer unter verschiedenen Blickwinkeln erfolgten Betrachtung – gemeinsam einen umfassenden Überblick über Leben und Werk des früh verstorbenen Malers, Zeichners, Radierers und Lithographen[4] Ernst Fries. Am bekanntesten sind bis heute Fries' Zeichnungen, Aquarelle, Gemälde – der vergleichsweise kleine Bestand an druckgraphischen Arbeiten steht üblicherweise nicht im Brennpunkt des Interesses. Dennoch wäre die Betrachtung des Fries'schen Œuvres ohne diese Facette seines Schaffens unvollständig. Dieser kurze Beitrag zu Fries' druckgraphischem Œuvre befasst sich ausschließlich mit seinen lithographischen Arbeiten. Einige ausgewählte Blätter aus dem Bestand der sogenannten Originalgraphiken, d. h. der von Fries nach eigener Vorzeichnung druckgraphisch umgesetzten Ansichten sowie eigenhändige Lithographien nach fremder Vorlage werden überblickshaft zusammengestellt und behandelt, um einen ersten Eindruck von diesen Arbeiten zu vermitteln. Für seine Druckgraphiken wählte Ernst Fries die neue Technik der Lithographie, die er wahrscheinlich 1818[5] während seines kurzen Aufenthaltes in München kennen und einsetzen lernte. In München erschien 1818 Aloys Senefelders »Lehrbuch der Steindruckerey«. Außerdem liegt die Vermutung nahe, dass Fries beispielsweise bei dem Münchner Kupferstecher und Lithographen Nicolaus Johann Nepomuk Strixner Unterricht nahm, der zu diesem Zeitpunkt bereits seit mehreren Jahren erfolgreich als Lithograph tätig war. Die Technik der Lithographie gibt dem Künstler mit Blick auf die Originalgraphik, z. B. im Gegensatz zum Kupferstich, eine vergleichsweise große zeichnerische Freiheit. Da der Lithograph direkt auf den Stein zeichnet, bietet die Lithographie, abgesehen von der technischen Schwierigkeit des spiegelverkehrten Arbeitens, mehr oder weniger alle Möglichkeiten der freien Handzeichnung. So wirken auch die Blätter unmittelbarer und erinnern als Feder- oder Kreidelithographie durchaus an Charakterzüge der Handzeichnung. Vor diesem Hintergrund ist die künstlerische Entwicklung, die sich in Fries' Druckgraphiken abzeichnet, stets gemeinsam mit seinem zeichnerischen Œuvre zu betrachten. Man kann wohl sagen, dass sich die Entwicklung seiner Zeichentechnik, seine Virtuosität als Zeichner hier direkt wiederfindet.

In der Inkunabelzeit der Lithographie bis 1819/21[6] entstanden auch Fries' erste lithographische Arbeiten. So hielt er 1818 die elterliche Krappfabrik zur Zeit der Weinlese[7] und 1819 zwei Ansichten der Schlossruine Auerbach[8] fest. Bei den ersten Blättern handelt es sich ausnahmslos um Kreidelithographien. Um die malerische Wirkung der Ansichten zu erhöhen, arbeitete er bereits 1819 erstmals mit Tonplatten[9], wodurch der helle Papierton – entsprechend eingesetzt – im Gesamteindruck der Ansicht den Charakter einer Weißhöhung gewinnt. Mit dem Jahr 1818, Fries' Aufenthalt in München sowie seinen Studien im Winter 1818/19 in Optik und Perspektive bei Georg Moller in Darmstadt, geht ein merklicher Einschnitt in Fries' künstlerischer Entwicklung, seiner Zeichentechnik einher. In dieser Zeit beginnt sich u. a. das Deskriptive, sein besonderes Interesse für eine detaillierte, präzise »zeichnerische Beschreibung« des Motivs, in seinem Zeichenstil herauszubilden. Außerdem gewinnt er zunehmend Freiheit und Sicherheit in seinen Zeichnungen, der technischen Umsetzung. Besonders Darstellungen von in einen landschaftlichen Zusammenhang eingebetteter Architektur, Mauerwerk, Gesteinsformationen rücken in dieser Zeit in den Mittelpunkt seines Schaffens[10] – eine Entwicklung, die sich entsprechend in seinen lithographischen Arbeiten wiederfindet bzw. auch dort Themenwahl und Umsetzung bestimmt.

Reizvolle Ansichten Heidelbergs und seiner Umgebung nehmen in Fries' zeichnerischem und lithographischem Œuvre einen besonderen Platz ein. So entstand schon in dieser frühen Phase seines künstlerischen Schaffens eine Ansichten-Folge des Heidelberger Schlosses, die 1820 bei C. F. Müller in Karlsruhe gedruckt und bei Mohr & Winter in Heidelberg verlegt wurde. Sämtliche Blätter sind in Deutsch und Französisch bezeichnet sowie mit Datum und dem Namenszug des Künstlers versehen. Auch die sechs Ansichten des Heidelberger Schlosses kann man noch zu den Inkunabeln der Lithographie zählen. Im Winter 1819/20 arbeitet er nach seinen eigenen Vorlagen an den Kreidelithographien, die ebenfalls wie die Ansichten der Schlossruine Auerbach über Tonplatten gedruckt wurden. Für die Folge wählte Fries durchweg bekannte und Anfang des 19. Jahrhunderts beliebte Ansichten der Schlossruine – beispielsweise den in der Malerei der Romantik favorisierten Blick von Osten auf Schloss und Rheinebene[11] (Abb. 23 und Abb. 24), mit seiner Polarität von Nah- und Fernsicht, Enge des Neckartales und der sich weit öffnenden Rheinebene, den faszinierenden Möglichkeiten der sich im Gegenlicht der untergehenden Sonne ergebenden atmosphärischen Stimmungen. Auch

Der gesprengte = der Bibliothek Thurm vom Heidelberger = Schlosse =

ABB. 25

Ernst Fries

Heidelberg, Schloss,

Gesprengter Turm, 1820

Kreidelithographie über

Tonplatte, 26,2 x 34,1 cm

Kurpfälzisches Museum

der Stadt Heidelberg

(WVZ 756)

Ansichten des Gesprengten Turmes (Abb. 25) und der Blick vom Stückgarten auf die Ruine[12] gehörten zu den bevorzugten Motiven der Zeit, die in ihrer Ambivalenz, dem Zusammenspiel von ruinösem Mauerwerk und üppig wuchernder Vegetation, als Zeichen einstiger Größe und unaufhaltsam einsetzendem Verfall die Künstler faszinierten. Für seine Ansicht des Gesprengten Turms wählt Fries einen Standpunkt südöstlich, der dem Betrachter einen prominenten Blick auf die Abbruchstellen und das Innere des Turmes bietet. Mit großem Interesse und Genauigkeit spürt Fries den Gesteinsformen, dem Mauerwerk nach. Mittels Verwendung der Tonplatte setzt Fries insbesondere in diesem Bereich akzentuierende Lichter. Komplettiert wird die Fries'sche Schloss-Sequenz durch eine Ansicht des Altans[13], des Schlosshofs sowie des Schlosses von Nordosten[14].

Zu der Folge haben sich einige Vorzeichnungen erhalten, die sich ausnahmslos durch die minutiöse, detaillierte zeichnerische Ausführung, die akribische Wiedergabe insbesondere der Architektur, aber auch der figürlichen Staffage und Landschaft auszeichnen. Die exakte, detailgetreue Übertragung ins druckgraphische Medium lässt sich besonders anschaulich bei einer Gegenüberstellung von Vorzeichnung (Abb. 26) und Lithographie des 5. Blattes der Folge »Hof des Heidelberger Schlosses gegen den Eingang« (Abb. 27) nachvollziehen. Fries erfasst das Motiv mit außergewöhnlicher Präzision, mit einem Blick für das Detail des architektonischen Ensembles – quasi im Sinne einer zeichnerischen Bestandsaufnahme. Bereits in dieser frühen Zeit manifestiert sich mit stetig wachsender technischer Perfektion Fries' zeichnerische Virtuosität, die charak-

**ABB. 26** = Kat. Nr. 6

Ernst Fries

Heidelberg, Schlosshof mit Blick

auf Ruprechtsbau, Torturm und

Brunnenhalle, (1819/20)

(WVZ 40)

**ABB. 27**

Ernst Fries

Heidelberg, Schlosshof

gegen den Eingang gesehen

(Richtung Brunnenhalle,

Torturm, Ruprechtsbau), 1820

Kreidelithographie über Tonplatte

26,9 x 34,6 cm

Kurpfälzisches Museum

der Stadt Heidelberg

(WVZ 758)

teristische Lebendigkeit und Leichtigkeit seiner Zeichnungen. Insbesondere die Landschaft gewinnt im Zuge seiner intensiven Beschäftigung mit Komposition und Perspektive zunehmend an räumlicher Tiefe. Mit seiner Schloss-Folge stößt Fries bei seinen Zeitgenossen durchaus auf positive Resonanz und Anerkennung. So wird u. a. die auf eine gute Schule hinweisende Zeichnung gelobt. Außerdem wird der Wert der Blätter in der Auffassung der Ansichten gesehen, die über Detailtreue hinaus auch frei, ohne Ängstlichkeit sei. Darüber hinaus werden die Lithographien als hoch- und gleichwertig mit Primavesis um 1803 entstandener Ansichten-Folge des Heidelberger Schlosses beurteilt.[15]

Im Winter 1820/21 setzt sich Fries erneut intensiv mit den technischen Möglichkeiten der Lithographie auseinander, insbesondere mit dem Druck von Tonplatten. Hatte er bereits die Ansichten seiner Heidelberg-Folge über Tonplatten gedruckt, ging er nun einen Schritt weiter zum Druck mit verschiedenen Tonplatten. Ein besonders gelungenes und virtuos umgesetztes Beispiel für die Entwicklung seiner Arbeit als Lithograph ist das Blatt »Via mala« (Abb. 28), das er nach einer lavierten Federzeichnung von Joseph Anton Koch[16] seitenverkehrt umsetzte. Der Vorlage entsprechend setzte er Grau- und Brauntöne ein, entschied sich für den Druck mit zwei Tonplatten. Ebenfalls mit Blick auf Kochs Federzeichnung arbeitete Fries diesmal nicht in Crayonmanier, sondern griff zur Zeichenfeder.[17]

Zum Andenken an den früh verstorbenen Künstler schreibt Christian Koester 1833 mit Blick auf Fries' Italienreise 1823 bis 1827: »Das war's, was er bedurft! so reiche Erde/An Berg und Felsgeklüft, bebuscht und kahl/Des Südens Wälder, Wassersturz zu Thal [...]«.[18]

Doch bereits bevor Fries selbst nach Italien reiste, faszinierten ihn Motive, die die Urgewalt der Natur vor Augen führten. Schon in den ersten Jahren seines Schaffens zeichnet sich sein Interesse für Gesteinsformationen und vegetabile Formen ab, eine Tendenz, die sich auch schon in der Ansichten-Folge des Heidelberger Schlosses findet. Im druckgraphischen Bereich greift Fries in diesem Kontext auch auf Arbeiten anderer Künstler[19] zurück, die mit ihrer Motivwahl seiner Liebe zum Detail, zu geomorphen Strukturen, zur Darstellung der Natur in ihrer atemberaubenden Schönheit und Urgewalt entgegenkommen. So kann man Koesters Zeilen eigentlich allgemein auf Fries' künstlerisches Schaffen, seine Faszination für Landschaftsansichten mit interessanten Felsformationen, bewegten Wassermassen und wuchernder Vegetation beziehen.

Im August 1827 kehrt Fries von seiner Italienreise nach Heidelberg zurück. Zu seinen favorisierten Motiven gehören in dieser nachitalienischen Heidelberg-Zeit nach wie vor Schloss und Stadt Heidelberg sowie die nähere Umgebung. 1828/29 entsteht seine Kreidelithographie der Heidelberger Peterskirche (Abb. 29 und Abb. 30). Parallel setzt er sich in diesem Zeitraum u. a. mit den Skizzen und Zeichnungen seines Italienaufenthaltes auseinander, beginnt die Motive in Gemälde umzusetzen. Auch die Ansicht der Peterskirche erinnert in der Wahl des Blickwinkels und der Ausführung auf den ersten Blick an seine italienischen Zeichnungen, wirkt freier und leichter, weicher moduliert als seine frühen Lithographien.

1829 arbeitet Fries an den Vorlagen für eine Ansichten-Folge des Stifts Neuburg bei Heidelberg. Angeregt wurde dieses Projekt vermutlich durch seinen Kontakt zu Friedrich Schlosser, der Stift Neuburg 1825 erworben hatte. Über einen Verwandten erhielt Johann Wolfgang von Goethe die lithographierten Ansichten und äußerte sich in einem Schreiben an Schlosser kurz zu Fries' Arbeiten: »Es war wirklich, theuerster Herr und Freund, ein sehr glücklicher Gedanke, durch einen geschickten Künstler Ihre ernst-heitere Wohnung und die unschätzbare Gegend abbilden und vervielfältigen zu lassen [...]«.[20] Mit einem gestochenen Titelblatt versehen, wurden die sechs Kreidelithographien 1829/30 bei L. Meder in Heidelberg verlegt.[21] In der Motivwahl für Blatt 5: »Stift Neuburg. 5.« – Stift Neuburg von Osten mit kleinem Wasserfall (Abb. 31) zeigt sich erneut Fries' ungebrochenes Interesse an vegetabilen Formen und geologischen Formationen. Der reizvolle Blick von Osten hinauf zum Stift Neuburg lädt förmlich zur künstlerischen Auseinandersetzung mit dem Zusammenspiel von Fels, Wasser und üppig wuchernder Vegetation ein. Koester würdigt Fries' besonderes Talent, die Virtuosität seines künstlerischen Schaffens als ein »[...] seltenes zeichnerisches Eindringen in die Physiognomie einer Gegend überhaupt als auch in den Charakter aller gegenständlichen Details

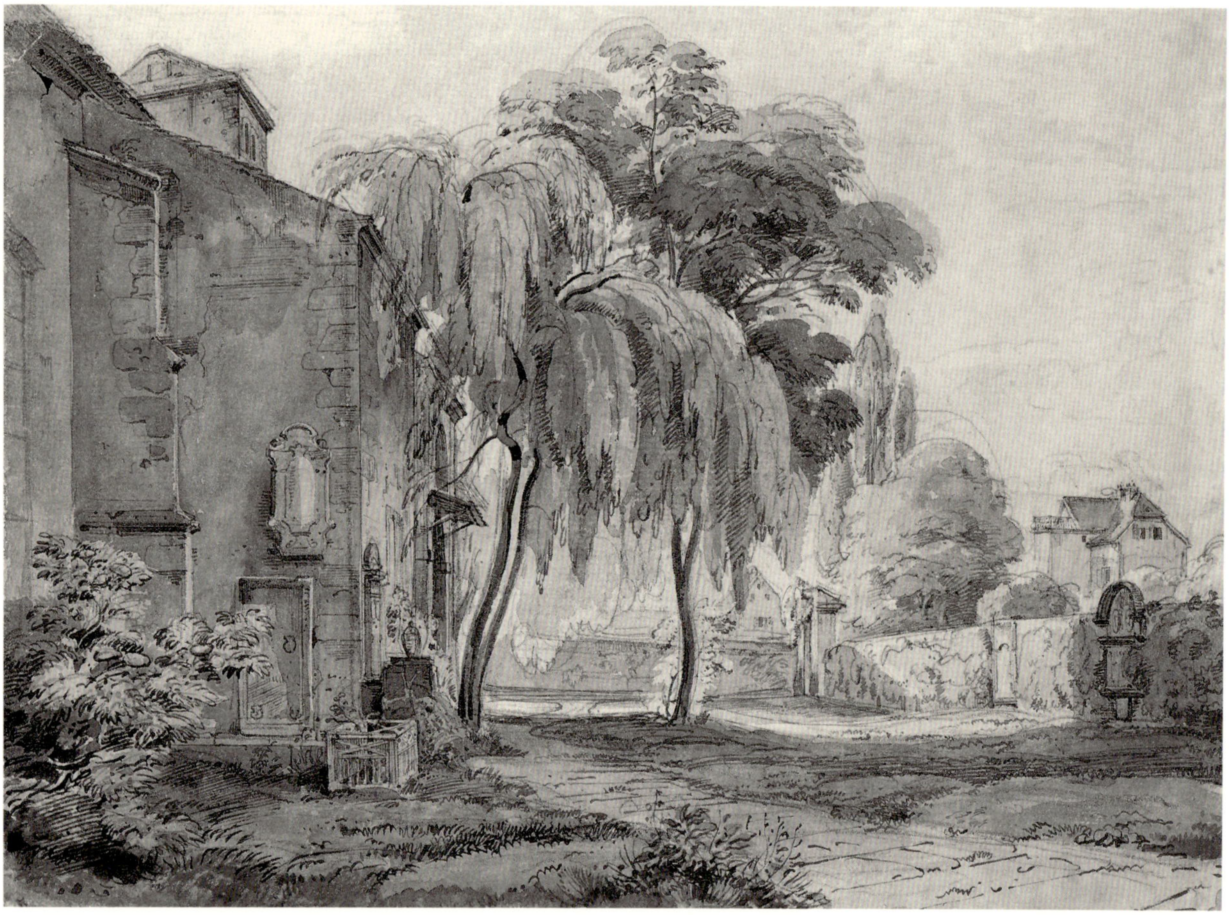

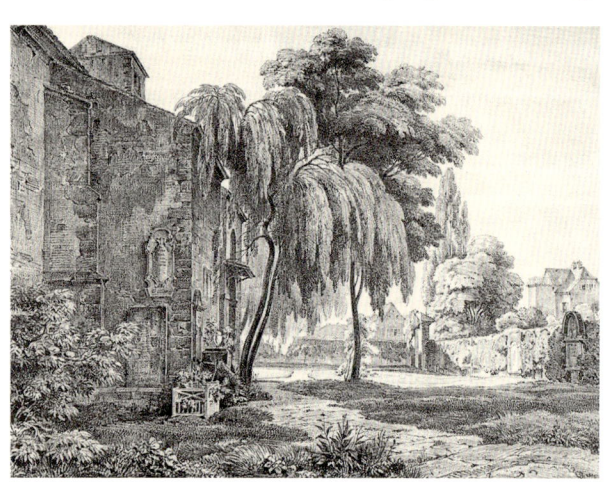

**Abb. 29** = Kat. Nr. 92
Ernst Fries
Heidelberg, Nordseite der Peterskirche, (1828/29)
(WVZ 586)

[…]«.[22] Fries' künstlerische Begabung, sein Blick für die präzise zeichnerische Aufnahme des Motivs, manifestiert sich auch deutlich in seinen lithographischen Arbeiten. So erfasst er beispielsweise in seinen Ansichten des Heidelberger Schlosses, mit dem minutiösen Eindringen ins Detail der Ruine, der Umgebung oder in seiner fünften Ansicht des Stifts Neuburg auf charakteristische Art und Weise – um mit Koester zu sprechen – die Physiognomie der Gegend.

Die Lithographie begleitet mehr oder weniger Fries' gesamtes künstlerisches Schaffen. Mit der Technik hatte er sich in kurzer Zeit vertraut gemacht und insbesondere vor dem Hintergrund seiner großen zeichnerischen Begabung bot ihm das lithographische Verfahren ein breites Schaffensspektrum. Außerdem nutzte Fries die Verdienstmöglichkeiten im druckgraphischen Bereich. Auch während seines Italienaufenthaltes 1823 bis 1827 griff er gerne auf diese Möglichkeit eines zusätzlichen Verdienstes zurück. Vor allem in der ersten Zeit seines Studienaufenthaltes scheint er hinsichtlich seiner Begabung als

STIFT NEUBURG.

Heidelberg bei L. Meder

**ABB. 30**

Ernst Fries

Heidelberg, Peterskirche, 1828/29

Kreidelithographie, 20,7 x 28,8 cm

Kurpfälzisches Museum

der Stadt Heidelberg

(WVZ 774)

**ABB. 31**

Ernst Fries

Stift Neuburg bei Heidelberg

von Osten mit kleinem

Wasserfall, 1829/30

Kreidelithographie, 14,1 x 19,6 cm

Kurpfälzisches Museum

der Stadt Heidelberg

(WVZ 779)

Landschaftsmaler und -zeichner, auf das, was er in diesem Bereich erreichen konnte, von Selbstzweifeln geplagt worden zu sein. In solchen Momenten überlegte er dann, ob er nicht doch »Steindrucker« werden sollte – ein Gedanke, der seine Vertrautheit mit der Lithographie widerspiegelt. Zudem bot ihm seine Arbeit als Lithograph in diesen Jahren finanzielle Absicherung.[23] Erst in seinen letzten Lebensjahren, der Zeit seines wachsenden beruflichen Erfolges, brauchte er seine druckgraphischen Arbeiten nicht mehr als zusätzliche Einnahmequelle.

**Anmerkungen:**

1   Elisabeth Bott: Ernst Fries (1801 – 1833). Studien zu seinen Landschaftszeichnungen. Diss. Heidelberg 1976, Leverkusen 1978.

2   Curt Gravenkamp: Ernst Fries (1801 – 1833). Sein Leben und seine Kunst. Diss. Frankfurt/Main 1925.

3   Sigrid Wechssler: Ernst Fries (1801 – 1833). Monographie und Werkverzeichnis. Heidelberg 2000.

4   Fries betätigte sich überwiegend als Lithograph.

5   Wechssler. 2000. S. 14f. Gravenkamp und Bott nennen bereits das Jahr 1817 für Fries' erste lithographische Gehversuche. Bott. 1978. S. 22. Gravenkamp. 1925. S. 26. Auch wenn man das Jahr 1817 zugrunde legt, kann man bei dem vorhandenen Interesse davon ausgehen, dass Fries die Möglichkeiten nutzte, die sich ihm in München boten und er dort den eigentlichen bzw. vertieften Einstieg in die Technik der Lithographie erhielt.

6   Koschatzky spricht bis etwa 1819 von lithographischen Inkunabeln, wobei er den Zeitraum zwischen Erfindung und Veröffentlichung des lithographischen Verfahrens zugrunde legt. Winkler dehnt die Zeitspanne für die frühe deutsche Lithographie, die Inkunabelzeit, bis 1821 aus. Walter Koschatzky: Die Kunst der Graphik. München $^{11}$1993. S. 186. Walter Koschatzky, Kristian Sotriffer: Die Kunst vom Stein. Künstlerlithographien von ihren Anfängen bis zur Gegenwart. München/Wien 1985. S. 18ff. R. Arnim Winkler: Die Frühzeit der deutschen Lithographie. München 1975. S. 7 – 18.

7   Ernst Fries; Heidelberg, Weinlese bei der Krappfabrik in der Rohrbacher Straße, 1818; Kreidelithographie; 12,8 x 17,9 cm; Inv. Nr. S 703; KMH. Vgl. Wechssler. 2000. WVZ 750.

8   So lithographierte Fries u. a. eine Hofansicht der Schlossruine Auerbach. Ernst Fries; Schlossruine Auerbach, Hofansicht, 1819; Kreidelithographie über Tonplatte; 34,1 x 27,4 cm; Inv. Nr. S 1579; KMH. Vgl. Wechssler. 2000. WVZ 752.

9   Auch diese Arbeiten, der gezielte Einsatz von Tonplatten im Jahr nach seinem Münchenaufenthalt, sprechen für eine intensive Beschäftigung mit der neuen Technik und eine Ausbildung (möglicherweise bei Strixner).

10  Bott. 1978. S. 58 – 66.

11  Ernst Fries; Heidelberg, Schloss von Osten, 1820; Kreidelithographie über Tonplatte; 26,5 x 34,3 cm; Inv. Nr. S 698; KMH. Vgl. Wechssler. 2000. WVZ 754.

12  Ernst Fries; Heidelberg, Schloss, Blick vom Stückgarten auf Ruprechts-, Bibliotheks- und Englischen Bau, 1820; Kreidelithographie über Tonplatte; 26,5 x 34,3 cm; Inv. Nr. S 707; KMH. Vgl. Wechssler. 2000. WVZ 755.

13  Ernst Fries; Heidelberg, Schloss, Altan; 1820; Kreidelithographie über Tonplatte; 26,8 x 34,5 cm; Inv. Nr. S 700; KMH. Vgl. Wechssler. 2000. WVZ 757.

14  Ernst Fries; Heidelberg, Schloss von Nordosten, 1820; Kreidelithographie über Tonplatte; 26,1 x 35,9 cm; Inv. Nr. S 699; KMH. Vgl. Wechssler. 2000. WVZ 759.

15  Bott. 1978. S. 27, Anm. 84. Gravenkamp. 1925. S. 29.

16  Josef Anton Koch; Via mala; lavierte Federzeichnung in Grau und Braun; Privatbesitz.

17  Wechssler. 2000. S. 19f., WVZ 784.

18  Zeilen aus Christian Koesters Nachruf 1833 angesichts des frühen und unerwarteten Todes von Ernst Fries. Vgl.: Christian Koester: Zum Andenken an Ernst Fries. In: Ernst Fries 1801 – 1833. Landschaftsmaler aus Heidelberg. Ausstellungskatalog. Kurpfälzisches Museum Heidelberg. Bearb. von Karl Lohmeyer. Heidelberg 1927. S. 8.

19  Beispielsweise: Ernst Fries; Verfallene Hütte, von wildem Bergbach umgeben, auf Felsen eine Burg, 1821; Federlithographie über Tonplatte; 21,4 x 27,8 cm; Inv. Nr. S 721; KMH. Vgl. Wechssler. 2000. WVZ 781. Die Federlithographie über Tonplatte entstand vermutlich nach einer Radierung von Allaert van Everdingen. Der holländische Maler und Radierer bereiste 1644 Norwegen und Schweden; als Motiv favorisierte er hier insbesondere skandinavische Gebirgslandschaften mit Wasserfällen. Eine Themenwahl, die Fries' eigenen Interessen entgegenkam.

20  Zitiert nach Bott. 1978. S. 50.

21  Bott. 1978. S. 49f. Gravenkamp. 1925. S. 51. Wechssler. 2000. S. 47, WVZ 775 – 780.

22  Zeilen aus Christian Koesters Nachruf 1833 angesichts des frühen und unerwarteten Todes von Ernst Fries. Vgl.

Christian Koester: Zum Andenken an Ernst Fries. In: Ernst Fries 1801 – 1833. Landschaftsmaler aus Heidelberg.

Ausstellungskatalog. Kurpfälzisches Museum Heidelberg. Bearb. von Karl Lohmeyer. Heidelberg 1927. S. 11.

23  Bott. 1978. S. 34. Gravenkamp. 1925. S. 37f.

# KATALOG

*Autoren:* Annette Frese (A. F.)

Domenico Riccardi (D. R.)

Sigrid Wechssler (S. W.)

Um umfängliche Literaturangaben abzukürzen, wurde meist nur das Werkverzeichnis von Sigrid Wechssler angeführt, in dem sich die Hinweise auf ältere und weiter führende Literatur finden.

Kat. Nr. 1

Ernst Fries

Landschaft mit Mühle, 1816

Federzeichnung über Blei, Tuschlavierung,

24,4 x 29,9 cm

Inv. Nr. Z 315

Kurpfälzisches Museum der Stadt Heidelberg

Der bildmäßig ausgeführten und mit Tuschlinien gerahmten Federzeichnung lag vermutlich eine niederländische Vorlage des 17. Jahrhunderts zugrunde. Fries beherrscht bereits die Laviertechnik und das im Gegenlicht stehende detailreich und plastisch wiedergegebene Baumrepoussoir schafft einen in die Tiefe nachvollziehbaren Landschaftsraum. Das vermutlich von Carl Kuntz angeregte Thema weist voraus auf Fries' späteres ausgeprägtes Interesse an strömendem Wasser, Felsformationen.                                   A. F.

Lit.: Wechssler 2000, WVZ 10

1

Ernst Fries

Italienische Landschaft mit Bergstadt

und Felsenkastell in Fluss, 1817

Aquarell, 19,4 x 24,1 cm

bez. u. l.: Ernst Fries.; u. r.: Januar 1817;

u. M.: Meiner lieben Mutter;

u. r.: Ernst Fries Jan: 1817

Inv. Nr. Z 316

Kurpfälzisches Museum der Stadt Heidelberg

2

Das der Mutter gewidmete zarte Aquarell mit malerisch erfassten Licht- und Schattenzonen ist wie Kat. Nr. 1 noch sehr
erzählend und bildmäßig ausgeführt und daher vermutlich
ebenfalls nach einer Vorlage entstanden.                    A. F.

Lit.: Wechssler 2000, WVZ 14

3

**Kat. Nr. 3**

Ernst Fries

Heidelberg, die Alte Brücke, 1818

Bleistiftzeichnung, 12,9 x 18,6 cm

bez. u. l.: E. Fries fc. 1818

Inv. Nr. G 480

Städtische Kunsthalle Mannheim

Das wohl nach der Münchner Akademiezeit und Ausbildung in Darmstadt entstandene Brückenporträt zeichnet sich durch eine sichere Linienführung und beherrschte Perspektive aus. Fries beschreibt die reizvolle Architektur bereits sehr eigenständig, indem er die Panoramaansicht am Brückentor zeichnerisch verdichtet und präzisiert, während er für ihn weniger Wichtiges summarisch behandelt. Bereits hier wird seine künstlerische Individualität als Zeichner fassbar, der Einzelheiten aus einem Motivzusammenhang herauslöst und zeichnerisch differenziert. A. F.

Lit.: Wechssler 2000, WVZ 21

4

**Kat. Nr. 4**

Ernst Fries

Brustbild Johann Heinrich Schilbach, 1819

Bleistift- und Kreidezeichnung auf braunem Papier,
33,6 x 25,6 cm

bez. o. r.: Von Ernst Fries 31. März 1819

Inv. Nr. 1953 – 4

Staatliche Kunsthalle Karlsruhe

Das Bildnis stellt den Maler und Primavesi-Schüler Heinrich Schilbach (Barchfeld a. d. Werra 1798 – 1851 Darmstadt) dar, mit dem Fries seit 1818/19 befreundet war und mit dem er 1819 Wanderungen an der Bergstraße, an den Rhein, die Mosel und in den Taunus unternahm, 1821 nach München, ins Berchtesgadener Land und das Salzkammergut reiste und 1823 nach Italien aufbrach. A. F.

Lit.: Wechssler 2000, WVZ 23; zum Verhältnis Schilbach und Fries vgl. Märker/Pohl 2000

5

durch Weißhöhungen scheinbar in gleißendem Sonnenlicht auf einem steilen Felsrücken liegende Architektur erscheint als präzise Silhouette mit scharfen Mauerkanten hoch über dem Rheintal, auf das der Blick aber durch das zentrale Motiv verstellt ist. Der Vordergrund mit angedeutetem Felsen und Vegetation ist nur summarisch erfasst. Der unter der Heidelberger Schlossruine aufgewachsene Fries porträtierte die Burg in dem der allgemeinen Mittelalterbegeisterung erwachsenen Interesse der Romantiker an Burgen und Schlössern, das aus zahlreichen Landschaftsaufnahmen der badischen Heimat dieser Zeit spricht.            A. F.

Lit.: Wechssler 2000, WVZ 28

**Kat. Nr. 5**
Ernst Fries
Ruine Rheinstein, 1819
Bleistiftzeichnung mit Tuschlavierungen und
Weißhöhungen auf braunem Papier, 45,5 x 28,5 cm
bez. u. M. r.: Bauzberg am Rhein 2(3)…/1819
Inv. Nr. Z 409
Kurpfälzisches Museum der Stadt Heidelberg

In der Zeit von 1818 bis 1821 dominieren im zeichnerischen Werk von Fries Darstellungen von Architekturdenkmälern in landschaftlichem Kontext, wozu die Aufnahme der »Voigtburg«, »Fautzberg« oder »Vautsburg« gehört, die nach dem Wiederaufbau 1825 – 29 »Rheinstein« genannt wurde. Die

**Kat. Nr. 6**  (Textabbildung S. 74)
Ernst Fries
Heidelberg, Schlosshof mit Blick auf Ruprechtsbau,
Torturm und Brunnenhalle, (1819/20)
Bleistiftzeichnung mit Tuschlavierung,
16,8 x 34,7 cm
Inv. Nr. Z 423
Kurpfälzisches Museum der Stadt Heidelberg

Die Zeichnung ist Vorlage zu der Kreidelithographie aus den »Sechs Ansichten des Heidelberger Schlosses« von 1820, vgl. hierzu Textbeitrag Roth, S. 72 – 74.

Lit.: Wechssler 2000, WVZ 40

KAT. NR. 7 (Textabbildung S. 72)

Ernst Fries

Heidelberg, Schloss von Osten, (1819/20)

Bleistiftzeichnung mit Tuschlavierung,

26,6 x 34,1 cm

Inv. Nr. SZ 114

Staatliche Museen zu Berlin, Kupferstichkabinett

Die Zeichnung ist Vorlage zu der Kreidelithographie aus den »Sechs Ansichten des Heidelberger Schlosses« von 1820, vgl. hierzu Textbeitrag Roth, S. 72 – 74.

Lit.: Wechssler 2000, WVZ 41

KAT. NR. 8

Ernst Fries

Hochgebirgslandschaft mit zackiger

Doppelspitze, 1820

Öl auf Leinwand auf Karton,

35,0 x 50,0 cm

bez. verso: Ernst Fries 1820

Inv. Nr. G 196

Kurpfälzisches Museum der Stadt Heidelberg

Der weite Ausblick auf schneebedeckte Kämme wird in der Hochgebirgslandschaft – Fries' erstem bekannten Ölgemälde, das in Anlage und großflächigem Farbauftrag die ihm vertraute Laviertechnik verrät (S. Wechssler) – im Vordergrund abrupt verstellt durch ein fast bis zum oberen Bildrand aufsteigendes Massiv mit Doppelspitze und Gipfelkreuzen, bei dem die dunklen nackten Felspartien von sonnenbeschienenen Schneeflächen kontrastiert werden.                    A. F.

Lit.: Wechssler 2000, WVZ 46

8

9

**Kat. Nr. 9**

Ernst Fries

Bergführer auf einem Baumstamm sitzend, einen
Hecht an einer Gerte über der Schulter tragend, 1820
Bleistiftzeichnung, 21,0 x 16,0 cm
bez. u. l.: Führer von Garmisch/nach Eibsee./2ten Juny 1820.
Inv. Nr. SZ 115
Staatliche Museen zu Berlin, Kupferstichkabinett

Die vor locker schraffiertem landschaftlichen Hintergrund
in starker Aufsicht gegebene Zeichnung ist weniger Porträt als
Genredarstellung, da sich Fries' Aufmerksamkeit eher auf das
Erzählerische richtet: die Tracht des barfüßigen Bergführers,
seinen breitkrempigen, das Gesicht verschattenden Hut, die
geknöpften Kniebundhosen, die Feldflasche und das pittoreske Motiv des gefangenen Hechtes. A. F.

Lit.: Wechssler 2000, WVZ 50

10

**KAT. NR. 10**

Ernst Fries

Der Watzmann, 1820

Aquarell und Bleistiftzeichnung, 35,0 x 53,0 cm

bez. u. r.: Berchtoldsgaden d 28 Juny 1820.

Inv. Nr. VIII 1391

Staatliche Kunsthalle Karlsruhe

1820 durchwanderte Fries die Umgebung von München und hielt sich im Juni mehrere Tage im Berchtesgadener Land auf. Mittel- und Hintergrund des hier von ihm aus nordöstlicher Richtung erfassten, breit angelegten Landschaftsausschnittes sind nur in Blei angelegt, so dass sich der Blick des Betrachters ganz auf die über grün bewaldeten Höhen in kühl-blauer Aquarellfarbe erfasste kristalline Struktur und Silhouette des Watzmanns konzentriert, der, aus der Mittelachse gerückt, markant aus dem Gebirgsmassiv aufsteigt. Die Zeichnung bereitet das zwei Jahre später entstandene Ölgemälde »Berchtesgaden und Watzmann« vor.              A. F.

Lit.: Wechssler 2000, WVZ 54

[**KAT. NR. 20**]

Ernst Fries

Berchtesgaden und Watzmann, 1822

Öl auf Leinwand, 26,7 x 32,1 cm
Inv. Nr. G 193
Kurpfälzisches Museum der Stadt Heidelberg

Die in fein abgestuften Farbvaleurs gehaltene Leinwand erfasst das im Hintergrund fast transparent erscheinende Alpenpanorama aus wesentlich größerer Distanz als das Aquarell. Fries verändert die Zeichnung im Sinne der Romantik mit der vor dem Bergmassiv aus tief liegendem Mittelgrund hoch aufwachsenden Burgruine zu einer stimmungsvollen, mittig zentrierten Gemäldekomposition mit noch kulissenhaft hintereinander gestaffeltem Aufbau. Den Vordergrund erweitert er kontrastreich durch dunkle, zur rechten Seite aufsteigende Felsformationen und kahle Baumstümpfe. Der hier am unteren Bildrand einströmende Fluss nimmt die mäandrierende Bewegung der das Berchtesgadener Talbecken durchfließenden Ache vorweg.     A. F.

Lit.: Wechssler 2000, WVZ 102

**KAT. NR. 11**
Ernst Fries
Salzburg, (1820)
Bleistift- und Federzeichnung mit Tuschlavierung
22,3 x 30,3 cm, bez. u. l.: aus meinem Zimmer in Salzburg
Inv. Nr. SZ 11
Staatliche Museen zu Berlin, Kupferstichkabinett

Das aus dem Fenster seines Reisequartiers aufgenommene Altstadtbild an der Salzach lässt Fries' starkes Interesse an der Architektur schon italienischen Gepräges erkennen. Er hat das von der silhouettenhaft fein porträtierten Veste Hohensalzburg überhöhte Häuserensemble mit seinen vor- und rückspringenden, rhythmisch im Sonnenlicht und im Schatten liegenden Fassaden in einer sich zum linken Bildhintergrund perspektivisch stark verjüngenden Blickschneise erfasst.     A. F.

Lit.: Wechssler 2000, WVZ 59

11

**Kat. Nr. 12** (Textabbildung S. 29)

Ernst Fries

Porträt August Kolb, 1820

Bleistiftzeichnung, 29,4 x 20,3 cm

bez. u. r.: August Kolb. Stuttgart den 30tn/July 1820.

Inv. Nr. C 27/81

Graphische Sammlung der Staatsgalerie Stuttgart


Der mit einem Arm in der Schlinge Dargestellte und mit Fries ungefähr Gleichaltrige könnte identisch mit dem späteren württembergischen Konsul Kolb sein, der 1835 in Rom nachweisbar ist. Der Name Kolb ist von Fries in den Ausgabennotizen im September 1823 auf der Reise zwischen Stuttgart und München genannt und vermutlich identisch mit August Kolb. In Rom ließ sich 1828 der Stuttgarter Karl Kolb nieder. Er war zunächst als Reisender eines Aachener Tuchgeschäfts in Italien tätig, gründete dann in Rom ein Speditions- und Kommissionshaus und erweiterte es zu einem angesehenen Bankhaus. 1834 wurde er zum württembergischen Konsul, später zum Generalkonsul ernannt. Geschäftsverbindungen zwischen dem Vater von Fries und dem Stuttgarter Tuchvertreter sind wahrscheinlich, zumal Fries in seinen früheren Notizen auch Stuttgart als Aufenthaltsort nennt. Ob der Porträtierte ein naher Verwandter Karl Kolbs ist oder ob dessen zweiter Vorname August war, ist nicht geklärt. S.W.


Lit.: Wechssler 2000, WVZ 62


**Kat. Nr. 13**

Ernst Fries

Brustbild Friedrich Schwarz im Halbprofil nach links blickend, 1820

Bleistiftzeichnung, 29,3 x 21,7 cm

bez. u. l.: gez. Vo. Ernst Fries Dec.ber 1820.;

u. M.: Friedrich Schwarz/22 Jahr alt.

Inv. Nr. Z 416

Kurpfälzisches Museum der Stadt Heidelberg

13

Bei dem Porträtierten handelt es sich um Friedrich Schwarz, den Sohn des Theologen, Kirchenrats und Pädagogen Friedrich Heinrich Christian Schwarz (1766 – 1837) in Heidelberg, dessen Erziehungsinstitut Fries besuchte. S.W.


Lit.: Wechssler 2000, WVZ 64


**Kat. Nr. 14** (Textabbildung S. 26)

Ernst Fries

Maler Joseph Weber, vor geöffnetem Fenster sitzend, (1820)

Bleistiftzeichnung auf blauem Papier, 31,9 x 23,0 cm

bez. u. r.: Maler Weber von Mannheim

Inv. Nr. Z 191

Kurpfälzisches Museum der Stadt Heidelberg


Joseph Weber (um 1803 – 1881) war Bildnismaler in Mannheim und wahrscheinlich Schüler von Carl Kuntz in Karlsruhe. Es ist anzunehmen, dass Weber Ernst Fries bei der Wanderung im Salzburger Land begleitet hat. Vgl. auch Textbeitrag Frese, S. 26.                   S. W.

auf eine dunkel gewandete Gestalt im verlorenen Profil fällt, wie hell ausgesparte Falten an Hut, Kragen und Ärmel erkennen lassen.                   A. F.

Lit.: Wechssler 2000, WVZ 65

Lit.: Wechssler 2000, WVZ 66

**Kat. Nr. 15** (Textabbildung S. 26)
Ernst Fries
Junger Mann am Fenster, (1820/22)
Tuschlavierung über Bleistiftspuren, 32,0 x 23,5 cm
Inv. Nr. Z 402
Kurpfälzisches Museum der Stadt Heidelberg

**Kat. Nr. 16**
Ernst Fries
Köln, St. Gereon und das Friesentor, (1821)
Bleistiftzeichnung, 14,7 x 21,5 cm
Inv. Nr. 47350
Hamburger Kunsthalle

Mit der virtuos lavierten Zeichnung hat Fries auf ein zentrales romantisches Sehnsuchtsmotiv zurückgegriffen – den Blick in die Ferne aus geöffnetem Fenster, durch das hier helles Licht

Die Zeichnung war Vorlage für einen Kupferstich (WVZ 794) des beim Heidelberger Verleger Engelmann erschienenen Werkes »Malerische Ansichten des Rheins, der Mosel,

16

18

des Haardt und des Taunusgebürges«. Statt zeichnerischer Konzentrierung und Isolierung eines bestimmten Motives des Stadtpanoramas ist daher die Vedute gleichmäßig und in überraschender Detailgenauigkeit durchgebildet. Leergebliebene Flächen auf Mauern und Dächern geben dem Stecher die luministische Situation vor.                                    A. F.

Lit.: Wechssler 2000, WVZ 86

**Kat. Nr. 17** (Textabbildung S. 28)
Ernst Fries
Carl Sandhaas, bei Berchtesgaden zeichnend, 1821
Bleistiftzeichnung, 21,1 x 20,8 cm
bez. u. r.: bey Bergtesgaden/den 24ten Sept. 1821
München, Privatbesitz

Vgl. Textbeitrag Frese, S. 28.

Lit.: Wechssler 2000, WVZ 91

**Kat. Nr. 18**
Ernst Fries
Staffelsee bei Murnau, (1821)
Bleistiftzeichnung mit Tuschlavierungen
und Weißhöhungen auf blauem Papier,
37,9 x 47,8 cm
bez. u. M. r.: Staffel – See; u. r.: Ernst Fries
Inv. Nr. 1951 – 114
Staatliche Kunsthalle Karlsruhe

Die großzügig lavierte, zarte Zeichnung bezieht ihre atmosphärische Stimmung auch durch den blaugrundigen Papierträger. Die Tiefenraum schaffenden lichten Baumgruppen des Vordergrundes sind in ihrer Gesamtstruktur erfasst, der Blick geht zwischen ihnen hindurch über den südlich von Weilheim im Voralpenland gelegenen See und das überzeugend entwickelte Landschaftskontinuum wird durch den Ausblick u. a. auf das Wettersteingebirge abgeschlossen.       A. F.

Lit.: Wechssler 2000, WVZ 97

**Kat. Nr. 19**

Ernst Fries

Ammerlandschaft im Winter, 1822

Öl auf Holz, 28,8 x 29,9 cm

bez. verso: Ernst Fries. 1822 Heidelberg

Inv. Nr. G 1940

Kurpfälzisches Museum der Stadt Heidelberg

19

Von den frühen Gemälden von Fries ist das Ton-in-Ton-Gemälde noch sehr stark der Laviertechnik verpflichtet und könnte schon 1821 entstanden sein. Die Technik ist entwickelter als in der »Hochgebirgslandschaft mit zackiger Doppelspitze« von 1820 (Kat. Nr. 8), erreicht dagegen nicht ganz diejenige des Ölgemäldes »Berchtesgaden und Watzmann« (Kat. Nr. 20). S. W.

Lit.: Wechssler 2000, WVZ 101

**Kat. Nr. 20** (Siehe S. 87)

21

22

**KAT. NR. 21**

Ernst Fries

Sion im Rhonetal, (1822)

Bleistiftzeichnung mit Sepialavierung und Weißhöhung,

28,2 x 37,7 cm, Inv. Nr. SZ 14

Staatliche Museen zu Berlin, Kupferstichkabinett

Die von leicht erhöhtem Standpunkt aufgenommene bildmäßig ausgeführte Landschaftsaufnahme aus dem Wallis, Vorlage für eine von Fries im gleichen Jahr ausgeführte Kreidelithographie (WVZ 769), leitet den Betrachter mit dem romantischen Motiv des Wanderers vom verschatteten Vordergrund mit seitlichem Baumrepoussoir ins weite Rhonetal, wo vor den beiden charakteristischen hoch aufragenden
Felsen mit Burg und Wallfahrtskirche in hellem Licht das
stadtmauerbefestigte Panorama von Sion liegt.          A. F.

Lit.: Wechssler 2000, WVZ 111

**KAT. NR. 22**

Ernst Fries

Gletscherbach, (1822)

Kreidezeichnung mit Tuschlavierung

und Weißhöhung auf blauem Papier,

36,6 x 41,3 cm

Inv. Nr. 1939 – 105

museum kunst palast, DÜSSELDORF,

Graphische Sammlung

Der früh an strömendem Gewässer und auffälligen Felsformationen interessierte Fries verstärkt die kühle Wirkung des
Motivs durch Weißhöhungen und den Farbton des Papierträgers. Das auf den Betrachter zuströmende Wasser hat sich
seinen Weg über grobe Felsbrocken unter der mächtigen Eis-
decke des Gletschers hindurch gebahnt.          A. F.

Lit.: Wechssler 2000, WVZ 117

93

**KAT. NR. 23** (Textabbildung S. 25)

Ernst Fries

Schlafender junger Mann auf Bett ausgestreckt,
dahinter in Decke vergraben ein zweiter Schläfer, 1822

Bleistiftzeichnung, 20,2 x 23,5 cm

bez. u. l.: x Musje Kaarl./den Iten
October 1822.- (das x wiederholt über
dem Kopf des hinteren Schläfers)

Inv. Nr. Z 412

Kurpfälzisches Museum der Stadt Heidelberg


Der sichtbare Schläfer könnte Heinrich Schilbach sein; der
mit x als »Musje Kaarl« Gekennzeichnete ist nicht, wie Lohmeyer glaubte, Carl Rottmann, da sich dieser um den 1. Oktober 1822 im Salzburger Land aufhielt, während Fries zu dieser Zeit in Heidelberg lebte. Möglich wären Carl Sandhaas
oder Karl Hecht.                                                S.W.


Lit.: Wechssler 2000, WVZ 126


**KAT. NR. 24**

Ernst Fries

Der Ponte Nomentano bei Rom, unten Blattstudien, 1824

Öl auf braun getöntem Papier, 21,7 x 28,7 cm

bez. recto u. l.: Die durchsichtigen Farbtöne sind zu gelb/
vordere Spitze …; verso unter Skizzen: Mein erstes und bis
dato einziges Naturstudium/in Oehl-Februar 1824

Inv. Nr. G 197

Kurpfälzisches Museum der Stadt Heidelberg

24

25

Der bei Rom gelegene Ponte Nomentano gehörte zu den ersten künstlerischen Herausforderungen, denen sich Fries in Italien stellte. Er hielt die von Malern und Zeichnern oft im Bild festgehaltene pittoreske Brücke über den Aniene 1823 nahsichtig von Westen in einer Bleistiftzeichnung (WVZ 148) und in einer darauf basierenden Ölskizze (WVZ 149) im Atelier fest, die er motivisch erweiterte. Die ein Jahr später nun von ihm selbst als erste vor der Natur aufgenommene Ölstudie bezeichnete Arbeit, deren unvollendeten unteren Bildrand er nach Drehung des Papierträgers für Blattstudien nutzte, bettet das in flüssigem Farbauftrag in der Klarheit eines kalten Februartages von Südwesten mit Blick auf die schneebedeckten Sabiner Berge erfasste Bauwerk, das sich im Fluss spiegelt, in die weite Landschaftsebene ein.     A. F.

Lit.: Wechssler 2000, WVZ 154; Kat. Paris/Mantua Nr. 138, S. 227

**Kat. Nr. 25**

Ernst Fries

Rom, Blick nach Süden über das Forum Romanum vom Turm des Kapitols, 1824

Bleistiftzeichnung, 39,4 x 57,3 cm

bez. u. r.: Rom den 12ten März 1824.-/ Südliche Ansicht vom Capitols Thurm.; u. l.: NSt

Inv. Nr. H 306, Graphische Sammlung im Städelschen Kunstinstitut, Frankfurt am Main

Von den zwei großformatigen Bleistiftzeichnungen, die Fries 1824 für die mit dem Architekten Joseph Thürmer geplante Folge von Rom-Ansichten vom Turm des Kapitols aus in Überschau aufgenommen hat, wurde nur die nach Südosten erfasste (WVZ 157) direkte Vorlage für die im gleichen Jahr ausgeführte Radierung »Nord-Westliche Uebersicht von Rom …« (WVZ 772). Die hier mit Blick nach Süden erfasste Panoramaansicht der Stadt, die den gesamten Vordergrund mit dem Forum Romanum unausgeführt lässt, wurde dagegen nicht verwirklicht.     A. F.

Lit.: Wechssler 2000, WVZ 156

95

26

Kat. Nr. 26

Ernst Fries

Rom, Tempel der Venus und Roma

auf dem Forum Romanum, 1824

Bleistiftzeichnung, 34,5 x 52,0 cm

bez. u. r.: Rom den 12/13ten May 1824.

Inv. Nr. 1989/9

Staatliche Kunsthalle Karlsruhe

Der nach einem Brand im 3. Jh. n. Chr. wieder erbaute Tempel der Venus und Roma war 136 n. Chr. von Kaiser Hadrian im östlichen Teil des Forum Romanum errichtet worden und stellte eines der eindrucksvollsten Heiligtümer des antiken Rom dar. Im Gegensatz zu seinem 1826/27 ausgeführten licht-gesättigten Aquarell mit dem zentralen Ruinenmotiv der Ostcella (WVZ 504) hat Fries hier mit Blei die komplexe, ehemals mehr als 100 Meter lange und 50 Meter breite ar-chitektonische Anlage mit zwei Apsiden und einem von 150 Säulen getragenen Portikus in einer Ansicht erfasst, die auch noch den Titusbogen und den Palatin einschließt. A. F.

Lit.: Wechssler 2000, WVZ 161

**KAT. NR. 27**

Ernst Fries

Rom, Blick von den Caracallathermen
auf San Giovanni in Laterano, 1824
Bleistiftzeichnung auf grauem Papier, Weißhöhung,
43,3 x 60,6 cm
Inv. Nr. HZ 3941
Hessisches Landesmuseum Darmstadt

Fries hat wie so häufig den Vordergrund der Stadtlandschaft,
hier die von Vegetation überwachsenen Ruinen der Caracallathermen, nur in großzügigen Umrisslinien angelegt und grob
schraffiert. Die weit im Hintergrund liegende Architektur von
San Giovanni in Laterano ist dagegen mit spitzem Bleistift
detailliert beschrieben.                                    A. F.

Lit.: Wechssler 2000, WVZ 163

**KAT. NR. 28**  (Textabbildung S. 20)

Ernst Fries

Brustbild Signora Nina Gismondi, 1824
Bleistiftzeichnung, 28,8 x 20,6 cm
bez. u.: Signora Nina Gismondi,
meine Pflegerin, während meiner Krankheit
in Rom/von December 1823 bis Mai 1824.
Via Capo le Case NO. 79.
Inv. Nr. Z 2342
Kurpfälzisches Museum der Stadt Heidelberg

Vgl. Textbeitrag Wechssler, S. 19 f. und Textbeitrag Frese, S. 29.

Lit.: Wechssler WVZ 164

27

29

**KAT. NR. 29**

Ernst Fries

Das Emissar des Albaner Sees, (1824)

Aquarell über Bleistift, 38,9 x 53,8 cm

bez. in Bleistift vor der Aquarellierung o.:

Gewölb ist zerrissen / gelber reflex; im See:

Waßer; auf dem Weg: Licht; im Schilf: Schilf licht;

auf dem Boden: grün und … grau; u. l.: NSt

Inv. Nr. H 301

Graphische Sammlung im Städelschen Kunstinstitut,

Frankfurt am Main

Für die spätere Aquarellierung des mit Blei aufgenommenen, der Sage nach von den Römern angelegten »Emissario«, eines zur Regulierung des Wasserspiegels angelegten Abflusses des Albaner Sees, der im Hintergrund unter dem dunklen Architekturgewölbe von dichter Vegetation eingefasst zu sehen ist, hat Fries seine Bemerkungen zu den vor Ort beobachteten Farb- und Lichtverhältnissen notiert.                A. F.

Lit.: Wechssler 2000, WVZ 171

**KAT. NR. 30**

Ernst Fries

Albano, Blick in eine Straße, 1824

Aquarell über Bleistift, 35,3 x 47,8 cm

bez. u. r.: In Albano d. 7 July 1824.

Inv. Nr. SZ 49

Staatliche Museen zu Berlin,

Kupferstichkabinett

Eine wohl von Lehmmauern gesäumte Straße läuft auf einen
der vielen antiken Bauten Albanos zu, dessen ruinösen Zustand Fries zeichnerisch präzise und in subtilen Farbvaleurs
festzuhalten verstand. A. F.

Lit.: Wechssler, WVZ 172

30

31

KAT. NR. 31

Ernst Fries

Ariccia, aus dem Park der Villa Chigi, (1824)

Aquarell über Bleistiftzeichnung, 38,8 x 53,5 cm

bez. u. l.: Aus dem Park Chigi

Inv. Nr. VIII 1380

Staatliche Kunsthalle Karlsruhe


In der Nähe Roms nahm Ernst Fries im Sommer 1824 in Ariccia Quartier, um den bereits von Goethe 1787 in seiner »Italienischen Reise« gerühmten und bei vielen Künstlern der ersten Hälfte des 19. Jahrhunderts geschätzten romantisch verwilderten Park der Villa Chigi zu besuchen und hier Stu-dien zu treiben. Erhalten haben sich für die folgende Gemäl-defassung eine Bleistiftvorzeichnung (WVZ 180) und das als ein Meisterwerk der europäischen Aquarellmalerei apostro-phierte Blatt. Es bezieht seine Wirkung von der das ganze Aquarell überziehenden höchst differenzierten Koloristik lichterfüllter Vegetation und geologischer Strukturen und vom Gegensatz linear beschriebener Bilddetails, z. B. von Wur-zelwerk, einzelnen Blättern und Steinen, und locker ange-legter flächiger Pinsellavierungen, z. B. im Vordergrund mit seinem abfallenden Felsenhang oder in den summarisch er-fassten Laubmassen.

A. F.

Lit.: Wechssler 2000, WVZ 181

32

**KAT. NR. 32**

Ernst Fries

Ariccia, Eingang in den Park der Villa Chigi, (1824/25)

Öl auf Leinwand, 49,6 x 61,0 cm

bez. u. l.: EF (Monogramm)

Inv. Nr. C 4957, Museum für Kunst und

Kulturgeschichte der Stadt Dortmund

Vermutlich war das von der Aquarellfassung nur wenig abweichende Gemälde 1825 im Karlsruher Kunstverein ausgestellt. »Der Sage nach soll der Park ein Rest des alten Dianenhains sein, und die Besitzer ließen dies prächtige Stück Natur völlig unberührt von aller Kultur« (Ludwig Richter, Lebenserinnerungen eines deutschen Malers). Motivisch wie durch die Farb- und Lichtkontraste seiner Malweise macht Fries die kunstvolle Wildnis, in der Natur und Kunst eine für Italien bezeichnende Verbindung eingegangen waren, nachvollziehbar: Die wuchernde Vegetation der Villa Chigi überdeckt die Ruine und bemächtigt sich der zu einem Tor im Hintergrund führenden halb verfallenen Treppe der Parkarchitektur, die ihrerseits vegetative Formen angenommen zu haben scheint: Kunst ist Natur geworden.                A. F.

Lit.: Wechssler 2000, WVZ 195; J. Schütze: Deutsche Maler in Italien um 1800, in: Von Friedrich bis Liebermann. 100 Meisterwerke deutscher Malerei aus dem Museum für Kunst

34

und Kulturgeschichte der Stadt Dortmund. Hrsg. Brigitte
Buberl, Heidelberg 1999, S. 102–103


**KAT. NR. 33**  (Textabbildung S. 49)
Ernst Fries
Rom, Grotte der Egeria, im Hintergrund das Grabmal
der Cecilia Metella an der Via Appia antica, (1825)
Aquarell über Bleistiftzeichnung, 18,9 x 32,2 cm
bez. u. l.: NSt
Inv. Nr. Z 2966, Kurpfälzisches Museum
der Stadt Heidelberg


Der Torre di Quinto diente im Mittelalter als Wachturm am
Tiber an der nach Norden führenden Via Cassia. Die Acqua
acetosa ist ein nach Entwürfen Berninis auf Befehl von Papst
Alexander VII. erbautes Brunnenhaus über der Quelle eines
eisenhaltigen Säuerlings.                                      S. W.


Lit.: Wechssler 2000, WVZ 202

**KAT. NR. 34**
Ernst Fries
Florenz, Blick von San Miniato
auf die Stadt, (1825)
Bleistiftzeichnung mit Sepialavierung, 21,1 x 30,0 cm
Bez. u. l.: NSt; verso: Ziffern 1 – 6: Ferne bey 1. gelber
Sonnendunst./gegen 2. gelb blau./ganze Ferne im
sonnendunst./warm. 3. die Casinen dunkel schimern
neben bey und unter der ponte vecchio glanz/Arno.
Auf den Uffizi 4 und den danebenstehenden Häusern längs
dem Arno ist Sonnenlicht (…?) hier und/von den …
Theilen der Hauptgebäude wiederholt jedoch
dunkel und kräftig. die oberen Theile von palazzo
vecchio/Dusino … sind im dunklen Wolkenschatten
braun violett. Der ganze Theil 5 hebt sich im siluet ab/…
sind kalt Schatten im … helleren Localthon als die
hintere Partie.
Inv. Nr. H 313
Graphische Sammlung im Städelschen
Kunstinstitut, Frankfurt am Main

Die sepialavierte Bleistiftzeichnung der in üppige, im Vordergrund wieder nur summarisch angelegte Vegetation eingebetteten Stadt stellt einen Kompositionsentwurf zum zeitgleich ausgeführten Ölgemälde dar (WVZ 210 a), das jedoch in manchen Details differiert. Seinen für die geplante Umsetzung in eine Gemäldefassung rückseitig aufgeführten höchst differenzierten Notizen zu Farb- und Lichtverhältnissen versuchte Fries im Gemälde aber erkennbar zu folgen.　　A. F.

Lit.: Wechssler 2000, WVZ 210

**Kat. Nr. 35**

Florenz, Blick von San Miniato auf die Stadt, (1825)

Öl auf Leinwand,

21,6 x 29,2 cm

bez. u. M. l.: E. Fries

München, Privatbesitz

Lit.: Wechssler 2000, WVZ 210 a

35

**KAT. NR. 36**
Ernst Fries
Massa, 1825
Bleistiftzeichnung,
20,3 x 27,8 cm
bez. u. r.: Maßa 29. May 25.
Inv. Nr. G 3324
Städtische Kunsthalle
Mannheim

Lit.: Wechssler 2000,
WVZ 218

36

37

KAT. NR. 37

Ernst Fries

Häuser an einer Straße in Massa, 1825

Bleistiftzeichnung, 32,2 x 42,5 cm

bez. u. r.: Massa 29 May 25/Ernst Fries; u. l.: NSt

Inv. Nr. Z 323

Kurpfälzisches Museum der Stadt Heidelberg

Lit.: Wechssler 2000, WVZ 220

KAT. NR. 38

Ernst Fries

Blick über Massa auf das Meer, 1825

Bleistiftzeichnung mit Sepialavierung, 20,3 x 27,7 cm

bez. recto u. r.: Maßa/den 15ten/Juny 25

Inv. Nr. Z 303

Kurpfälzisches Museum der Stadt Heidelberg

Während sich Fries in den Zeichnungen Kat. Nr. 36 und 37 einzelnen Bauten Massas zuwendet, gilt sein Hauptinteresse nun der Einbettung der Stadtarchitektur in die sie umgebende Landschaft, der er in der aus der Vogelschau mit Blick auf das Ligurische Meer gesehenen Gesamtaufnahme mit der dunkel verschatteten lavierten Vordergrundzone breiten Raum lässt. A. F.

Lit.: Wechssler 2000, WVZ 231

38

39

**Kat. Nr. 39**

Ernst Fries

Gebirgsbach bei Massa, 1825

Aquarell- und Deckfarben

über Bleistiftzeichnung,

18,3 x 27,7 cm

bez. u. M.: Maßa 24 Jul. 1825

Inv. Nr. Z 324

Kurpfälzisches Museum der Stadt Heidelberg

Die dem Bildgegenstand angemessene kühle Farbigkeit, seine großzügige und sehr freie Aquarelltechnik, das für das Thema eher ungewöhnliche Querformat und der enge Bildausschnitt weisen der unprätentiösen Naturaufnahme des von Fries motivisch hoch geschätzten Bachlaufes eine Sonderstellung zu.                                     A. F.

Lit.: Wechssler 2000, WVZ 245

KAT. NR. 40

Ernst Fries

Felspartie bei Abendbeleuchtung, (1825)

Öl auf Leinwand,

36,0 x 48,0 cm

Inv. Nr. G 294

Kurpfälzisches Museum der Stadt Heidelberg

Das in engem Bildausschnitt zwar naturnah einfach, aber in
der Koloristik dennoch differenziert wiedergegebene Motiv
einer von Pflanzen, Moosen und Gräsern überwachsenen
Felspartie hat Fries durch eine den Himmel rosig verfärbende
Abenddämmerung stimmungsvoll überhöht.          A. F.

Lit.: Wechssler 2000, WVZ 256

## 40

41

**KAT. NR. 41**

Ernst Fries

Landschaftskomposition mit Motiven
aus der Umgebung von Rom, (1825)

Aquarell über Bleistiftzeichnung, 8,1 x 11,7 cm

bez. verso: Dieß kann dir nur eine oberflächliche/Idee geben von der Composition zu Burk=/hards Bild. Es ist jetzt
flüchtig unter=/malt auf ein Brett & Kreidegrund/2 Fuß 30
Zoll lang und 2 Fuß breit./Zu den einzelnen Theilen habe
ich/Studien, und werde sie fleißig ausführen./In Malen
werde ich einen neuen Versuch/bey dem Bilde machen,
und verspreche mir/eine gute Würkung davon. Zu den/Fi-
guren habe ich Modell gehabt und/hoffe, dass sie deinen
Beyfall haben/werden. Die Bäume werden mir/viel zu
schaffen machen, über haupt/habe ich mir hier eine harte
Nuß zu knacken aufgegeben. – /Auf jeden Fall ist es

ein/Bild woran/ich viel lernen kann, wenns auch/nicht
ganz nach meiner Idee ausfällt.-

Inv. Nr. Z 1103

Kurpfälzisches Museum
der Stadt Heidelberg

Die nur handtellergroße Kompositionsskizze verweist direkt
auf die hiernach ausgeführte großformatige Gemäldefassung.
Fries gibt mit den im rückseitigen Brief aufgeführten technischen Vorbereitungen und seinen skrupulös formulierten
Bedenken zu einer angemessenen Umsetzung Einblick in die
für die ideale Landschaft sehr sorgfältig durch Einzelstudien
zu Landschaftsteilen und zur Personenstaffage vorbereitete
Arbeitsweise.

A. F.

Lit.: Wechssler 2000, WVZ 257

**KAT. NR. 42**

Ernst Fries

Landschaft im Latinergebirge, 1825

Öl auf Holz, 56,3 x 79,0 cm

bez. u. l.: 25 EF monogrammiert

Inv. Nr. 602

Staatliche Kunsthalle Karlsruhe

Lit.: Wechssler 2000, WVZ 258

42

**Kat. Nr. 43** (Textabbildung S. 21)

Ernst Fries

Zwei Italienerinnen, 1825/26

Aquarell über Bleistiftzeichnung

und Tuschlavierung, 24,8 x 23,7 cm

Inv. Nr. Z 436

Kurpfälzisches Museum der Stadt Heidelberg

Die vermutlich nach Modellen ausgeführte Studie des Künstlers unterstützte die Vorbereitung von Gemäldefassungen
(vgl. Kat. Nr. 41). A. F.

Lit.: Wechssler 2000, WVZ 260

**Kat. Nr. 44**

Ernst Fries

Rom, Tempel der Minerva Medica, 1826

Aquarell über Bleistiftzeichnung,

26,0 x 35,5 cm

bez. u. r.: Rom. Im Februar 1826.; u. l.:

Tempio delle Minerva Medica

Inv. Nr. 13012

Graphische Sammlung im Städelschen

Kunstinstitut, Frankfurt am Main

Die Bezeichnung »Minerva Medica« für die Ruine eines
Nymphaeums in den Horti Liciniani stammt aus dem 17.

44

[48]

Jahrhundert (S. W.). Fries hat sich ihr im Februar und März 1826 künstlerisch genähert. Die frühere, farblich kühlere Aquarellfassung fängt die atmosphärische Stimmung ein und behält den landschaftlichen Zusammenhang bei, wobei der Vordergrund allerdings, wie meist bei Fries, nur sehr oberflächlich beschrieben wird. Zwar ist der Gesamtfarbklang in der späteren Fassung durch den ockerfarbenen Papierträger wärmer, doch das vom Sonnenlicht durchbrochene Architekturmotiv ist nahezu völlig isoliert und selbst die die Ruine überziehende Vegetation scheint sich in ihrer Farblosigkeit dem Baumonument unterzuordnen.                        A. F.

Lit.: Wechssler 2000, WVZ 265

[**KAT. NR. 48**]

Ernst Fries

Rom, Tempel der Minerva Medica, 1826

Aquarell über Bleistiftzeichnung auf

ockerfarbigem Papier,

27,4 x 46,4 cm

bez. u. l.: Rom 9. Merz 1826.

Minerva medica; NSt

Inv. Nr. Z 2971

Kurpfälzisches Museum

der Stadt Heidelberg

Lit.: Wechssler 2000, WVZ 272

45

**KAT. NR. 45**
Ernst Fries
Rom, Ruinen des Palastes des Septimus Severus, 1826
Aquarell über Bleistiftzeichnung, 35,5 x 48,6 cm
bez. u. l.: Rom den 24.t Febra 1826., u. r.: von

E. Fries von Heidelberg
Inv. Nr. Z 438
Kurpfälzisches Museum der Stadt Heidelberg

Lit.: Wechssler 2000, WVZ 267

46

**Kat. Nr. 46**

Ernst Fries

Rom, Blick von der Piazza S. Giovanni
in Laterano auf die römische Stadtmauer
mit der Porta Asinaria, 1826

Aquarell über Bleistiftzeichnung,
19,9 x 27,7 cm

bez. u. r.: Rom den I ten März 1826.-

Inv. Nr. Z 304

Kurpfälzisches Museum
der Stadt Heidelberg

Die antike Porta Asinaria wurde im Mittelalter zugemauert, da-
neben die Mauer zur Porta S. Giovanni geöffnet.        S. W.

Lit.: Wechssler 2000, WVZ 269

**Kat. Nr. 47**

Ernst Fries

Rom, Blick vom Forum Romanum über
das Colosseum zum Lateran, 1826

Aquarell über Bleistiftzeichnung, 40,8 x 66,0 cm

bez. u. l.: Rom den 2t u. 3t März/1826.

Inv. Nr. SZ 71

Staatliche Museen zu Berlin, Kupferstichkabinett

In die in leichter Überschau gegebene Stadtlandschaft mit
dem dominanten Bauwerk des Colosseums führt eine von A-
gaven gesäumte Treppe vom linken Vordergrund hinab. A. F.

Lit.: Wechssler 2000, WVZ 270

47

**Kat. Nr. 48** (Siehe S. 111)

**Kat. Nr. 49**

Ernst Fries

Rom, Blick vom Tiber auf den Aventin, 1826

Bleistiftzeichnung, 29,6 x 37,5 cm

bez. u. r.: den 13ten März 1826.-

Inv. Nr. Z 328, Kurpfälzisches Museum der Stadt Heidelberg

Von dem im Vordergrund in großzügigen Linien nur angedeuteten Ufer des Tiber, der in einem weiten Bogen auf den
Hintergrund zuläuft, geht der Blick auf den Aventin, dessen
detailreiche Bebauung Fries exakt nachgezeichnet hat.    A. F.

Lit.: Wechssler 2000, WVZ 274

49

**KAT. NR. 50**

Ernst Fries

Blick über die Campagna von der

Via Appia nach Nordosten, 1826

Aquarell über Bleistiftzeichnung, 16,1 x 32,2 cm

bez. u. l.: NSt

Inv. Nr. H 311

Graphische Sammlung im Städelschen Kunstinstitut,

Frankfurt am Main

Fries erfasst in seinem Aquarell mit panoramaartigem Blick, den eine winzige Staffagefigur im Vordergrund vorzugeben scheint, vor den in der Ferne links liegenden schneebedeckten Sabinerbergen die menschenleere und von antiken Ruinen überzogene Flachlandschaft der Campagna. Während die rechte Seite des verschatteten Vordergrundes vom Grabmal der Cecilia Metella akzentuiert wird, durchzieht den Mittelgrund der langgestreckte Aquädukt des Claudius. A.F.

Lit.: Wechssler 2000, WVZ 277

**KAT. NR. 51**

Ernst Fries

Studie zu einem Travertinfelsen

bei Tor Cervara, (1826)

Aquarell über Bleistiftzeichnung,

23,0 x 32,2 cm

bez. u. r.: Localtöne grau, violett, gelblich und

schwarz / Erdfarb. Schokolat & Kaffee töne; / saftig grün,

verbrannt, weiße Strant? (…) / Sonne

und Luftreflexe sehr stark, / a dunkelblaues Meer.

Inv. Nr. Z 335

Kurpfälzisches Museum der Stadt Heidelberg

Das unterirdische Höhlen- und Gängesystem der östlich von Rom gelegenen Cervaragrotten war für die deutschen Künstler ein beliebter Anziehungspunkt, veranstaltete man hier doch die berühmten Cervarafeste. Die Studie konnte anhand einer Fotografie um 1870 lokalisiert werden. Der Travertinblock auf der linken Seite des Fotos entspricht – von einem etwas entfernteren Standpunkt gesehen – der Situation des Aquarells. S.W.

Lit.: Wechssler 2000, WVZ 280

50

51

**Kat. Nr. 52**

Ernst Fries

Römische Campagna, Felsen in
den Cervara-Hügeln, (1826)

Aquarell über Bleistiftzeichnung, 31,4 x 48,5 cm

bez. u. l.: viel kräftiges & feuriger in T(…)./a

ausgenomen ist Localton dunkler als Luft -

Inv. Nr. SZ 85

Staatliche Museen zu Berlin, Kupferstichkabinett

In seinen von dezidierten Farbbeobachtungen begleiteten
Travertinfelsaufnahmen der Cervara-Hügel gibt sich Fries

52

künstlerische Rechenschaft über die Modellierung der Campagnalandschaft, ihre geologische und geomorphologische Struktur.                                    A. F.

Lit.: Wechssler 2000, WVZ 281

Lit.: Wechssler 2000, WVZ 281

## KAT. NR. 53

Ernst Fries
Alte Mühle an der Nera bei Narni, 1826
Aquarell über Bleistiftzeichnung auf
ockerfarbigem Papier, 29,0 x 44,2 cm
bez. u. r.: Narni den 30ten April 1826.-,
verso u. r. von anderer Hand: An der Staffeley
Inv. Nr. Z 329, Kurpfälzisches Museum der Stadt Heidelberg
Kurz vor seinem Tode hat Fries die im April und Mai 1826 entstandenen Landschaftszeichnungen und -aquarelle an der Nera für ein in Vorbereitung befindliches Gemälde zurate gezogen, wozu das Porträt des schlichten Mühlengebäudes ebenso rechnet wie die großartige Bogenarchitektur des Pons Augustus.                                    A. F.

Lit.: Wechssler 2000, WVZ 290

## KAT. NR. 54

Ernst Fries
Der Pons Augustus, 1826
Bleistiftzeichnung, 44,9 x 58,5 cm
bez. u. l.: Narni den 3ten May 1826.
Inv. Nr. Z 330
Kurpfälzisches Museum
der Stadt Heidelberg

Wie der Vermerk auf der Rückseite der Aquarellfassung des Sujets erkennen lässt, hat Fries sich mit dem in Augusteischer Zeit erbauten Übergang der Via Flaminia über die Nera kurz vor seinem Tode in Vorbereitung einer Gemäldefassung beschäftigt. Während die Bleistiftzeichnung von erhöhtem, einmal mehr mit groben Parallelschraffen großzügig angelegten felsigen Vordergrund aus die landschaftliche Einbettung der gesamten Brückenruine zu klären versucht, hat Fries sich in dem die Farb- und Lichtverhältnisse eindrucksvoll beschreibenden Aquarell dem antiken Bauwerk und der Nera, in der ein Baumstamm Wasserstrudel erzeugt, stark genähert. Auch Corot, mit dem Fries auf seiner Reise von April bis Juni 1826 zusammentraf, hat das Motiv in Zeichnungen und einem Gemälde aus dem gleichen Blick-

53

54

winkel erfasst, so dass vermutet wurde, dass beide Künstler zusammen vor Ort gezeichnet haben.　　　　A. F.

Lit.: Wechssler 2000, WVZ 294

**KAT. NR. 55**
Ernst Fries
Der Pons Augustus, 1826
Aquarell- und Bleistiftzeichnung,
37,7 x 47,2 cm
bez. verso u. r.: An der Staffley gef.
Inv. Nr. Z 426
Kurpfälzisches Museum der Stadt Heidelberg

Lit.: Wechssler 2000, WVZ 295

55

**KAT. NR. 56**

Ernst Fries

Fall des Velino (II), 1826

Bleistiftzeichnung mit Lavierung, Deckweiß und

Deckfarben auf blauem Papier, 55,2 x 42,6 cm

bez. u. l.: Fall des Velino 10. May 1826

Inv. Nr. 1385 – 2

Staatliche Kunsthalle Karlsruhe

Fries hat die südöstlich der Stadt Narni über 180 Meter in die Tiefe fallenden Wasser des Velino 1826 zweimal im Bild festgehalten. Im Gegensatz zum Aquarell (WVZ 296) ist die Bleistiftzeichnung steiler angelegt, die Darstellung der »Cascate delle Marmore« füllt das Blatt fast bis zum oberen Bildrand. Der Verzicht auf Aquarellfarbe lässt zudem die Wirkung des Papierträgers stärker hervortreten, so dass die Kühle der von hoher Felswand herabstürzenden gischtigen Wassermassen und die Schroffheit der den Flusslauf begleitenden Kalkfelsen anschaulich wird.                    A. F.

Lit.: Wechssler 2000, WVZ 297

56

**KAT. NR. 57**

Ernst Fries

Civita Castellana, die große Brücke, 1826

Bleistiftzeichnung mit Lavierung, 30,3 x 42,1 cm

bez. u. l.: Civita Castellana d. 24t. Mai 1826

Inv. Nr. 1968 – 1, Staatliche Kunsthalle Karlsruhe

Die pinsellavierte Bleistiftzeichnung des von Papst Clemens XI. 1707 erbauten doppelstöckigen Viaduktes über die fast 50 Meter tiefe Schlucht des Rio Maggiore vor dem aus der Tiberebene in zartem Hellblau aufsteigenden Soracte im Hintergrund zeigt den Ort, an dem Fries sich im April des Jahres 1826 zwei Wochen aufhielt und wo er mit Camille Corot zusammentraf. Der Blick des Betrachters richtet sich jedoch ganz auf den mächtigen »Ponte Clementino«, während die Stadt, die Fries aus verschiedenen Blickwinkeln mehrfach aufgenommen hat, nur im Hintergrund erscheint.          A. F.

Lit.: Wechssler 2000, WVZ 311

**KAT. NR. 58**

Ernst Fries

Pozzuoli, 1826

Bleistiftzeichnung mit Lavierung, 34,3 x 46,3 cm

bez. u. r.: Puzzoli den 7tn Juli 1826./E. Fries; u. l.: NSt

Inv. Nr. HZ 4286

Hessisches Landesmuseum Darmstadt

Mit der sepialavierten lichtgesättigten Ansicht von Pozzuoli

mit seiner malerischen, in der Mitte einer Bucht gegenüber

59

der Insel Ischia auf einem Felsen erbauten Altstadt wählte Fries einen touristisch beliebten Standort, den bereits sein Künstlerfreund Schilbach ein Jahr zuvor in einer reinen Bleistiftzeichnung festgehalten hatte (Darmstadt, Hessisches Landesmuseum). Fries lenkt den Blick des Betrachters jedoch nicht auf das offene Meer, vielmehr konzentriert er ihn auf das breit daliegende Stadtpanorama, auf das vom nicht ausgeführten Vordergrund ein mit zwei Staffagefiguren besetzter Weg zuläuft – vorbei an einem von drei Säulen bezeichneten antiken Tempelbezirk. A. F.

Lit.: Wechssler 2000, WVZ 341; Märker/Pohl Nr. 29, S. 159

**Kat. Nr. 59**

Ernst Fries

Lago di Licola bei Cuma, (1826)

Aquarell über Bleistiftzeichnung, 15,2 x 35,5 cm

bez. u. r.: Lago di Licola. /1/2 Stunde vor Sonnenunterg.

der Himmel röthlich-gelb. deßen Spiegel im See/die Ferne verschwimt in Duft

Inv. Nr. 1950:1

Staatliche Graphische Sammlung München

Fries beschreibt den nördlich von Cuma am Golf von Gaeta gelegenen Lago di Licola, beeindruckt von der atmosphärischen Abendstimmung vor Sonnenuntergang, von seinem breiten sandigen Uferbereich aus in zartesten Aquarellfarben, die seinen empfindsamen Worten von der im Duft verschwimmenden Ferne zu entsprechen suchen. A. F.

Lit.: Wechssler 2000, WVZ 342

**Kat. Nr. 60**

Ernst Fries

Neapel, Blick auf Stadt und Vesuv, 1826

Bleistiftzeichnung,

25,5 x 37,2 cm

bez. u. r.: Neapel den 18ten Juli/1826.-

Inv. Nr. Z 3392

Kurpfälzisches Museum der Stadt Heidelberg

Lit.: Wechssler 2000, WVZ 351

**KAT. NR. 61**

Ernst Fries

Blick über Neapel auf den Vesuv, (1826)

Aquarell über Bleistiftzeichnung, 34,9 x 56,2 cm

Inv. Nr. SZ 61

Staatliche Museen zu Berlin, Kupferstichkabinett

60

Während sich das Interesse der Bleistiftzeichnung eher auf die Einbettung Neapels in die Landschaft am Golf richtet, widmet sich die aquarellierte Ansicht detailgenau der städtischen Architektur. Der Blick geht hier vom Palazzo des Capodimonte Reale über die nicht ausgeführten Vorstadtgebäude auf die Stadt mit Vesuv und Monte St. Angelo im Hintergrund, die auch von Schilbach 1825 oder nach 1826 aquarelliert wurde (Darmstadt, Hessisches Landesmuseum); im Mittelgrund liegt das unvollendet gebliebene kasernenartige Armen- und Arbeitshaus »Albergo de Poveri« und der 1809 rechts davon angelegte botanische Garten.                A. F.

Lit.: Wechssler 2000, WVZ 352

61

62

**KAT. NR. 62**

Ernst Fries

Gebäude an der Küste von Sorrent

(Marina Piccola), 1826

Bleistiftzeichnung, 23,1 x 37,0 cm

bez. u. l.: Sorrent den 28ten Juli 1826.-

Inv. Nr. Z 429

Kurpfälzisches Museum der Stadt Heidelberg

Fries hat mit dem einfachen Fischerhaus am Küstenabschnitt der Marina Piccola von Sorrent ein bei Touristen beliebtes Landschaftsmotiv unprätentiös erfasst, das sein Freund Schilbach ein Jahr zuvor in einem bildmäßig ausgeführten Aquarell (Darmstadt, Hessisches Landesmuseum) – Grundlage für ein späteres Ölgemälde – durch Schrägstellung und architektonische Überlängung wie einen Kastellturm hatte erscheinen lassen. A. F.

Lit.: Wechssler 2000, WVZ 360; Märker/Pohl S. 166, Abb. 37

63

**KAT. NR. 63**

Ernst Fries

Felsengrotte der Cocumella, 1826

Bleistiftzeichnung,

25,7 x 37,1 cm

bez. u. r.: Sorrent den 28ten Juli 1826

Inv. Nr. Z 331

Kurpfälzisches Museum der Stadt Heidelberg

Die sog. Grotte Cocumella, eine Tuffsteinhöhle, liegt am Küstenstreifen Sant' Agnello in der Nähe des Kapuzinerklosters bei Sorrent.                                                   A. F.

Lit.: Wechssler 2000, WVZ 366

**KAT. NR. 64**

Ernst Fries

Felsentor bei Sorrent, 1826

Aquarell über Bleistiftzeichnung, 17,8 x 22,5 cm

bez. verso u. M.: Sorrent den 9t Aug. 1826.;

recto u. l.: NSt

Inv. Nr. Z 334

Kurpfälzisches Museum der Stadt Heidelberg

Mit dem in Technik und Farbe ungewöhnlich freien Aquarell, dessen Wirkung auf starken Hell-Dunkel-Kontrasten sonnendurchschienener und mit Vegetation überwachsener Felsformationen beruht, beschreibt Fries vermutlich ein Motiv aus dem »Vallone dei mulini«, dem an Felshöhlen reichen

65

Mühlental bei Sorrent, mit dem sich auch Schilbach in mehreren Zeichnungen ein Jahr zuvor auseinander gesetzt hatte.

A. F.

Lit.: Wechssler 2000, WVZ 378; Märker/Pohl S. 160, Abb. 30

**Kat. Nr. 65**

Ernst Fries

Olevano, Bildstock S. Martino mit
Blick auf die Volskerberge, 1826
Bleistiftzeichnung, 25,6 x 37,4 cm
bez. u. l.: Olevano den 16 Sept. 1826
Inv. Nr. Z 339
Kurpfälzisches Museum der Stadt Heidelberg

Fries blickt auf das Motiv des Bildstocks von unten und er-
möglicht somit auf der Linken eine schöne Tiefenperspekti-
ve bis Paliano und die dahinter liegenden wuchtigen Volskerberge. Die Plastizität der pflanzlichen und geologischen
Formationen wird erzielt durch eine variierte Schraffur: etwas
locker im Vordergrund, feiner und dichter, je weiter sich der
Blick entfernt. So fein und schlicht diese Zeichnung wirkt,
umso schwülstiger erscheint die in Öl auf Papier ausgeführte Komposition (WVZ 402), welche von klassizistischen tek-
tonischen Zutaten überladen ist.

D. R.

Lit.: Wechssler 2000, WVZ 401

124

**KAT. NR. 66**

Ernst Fries

Olevano von Südosten, (1826)

Bleistift- und Kohlezeichnung,

52,0 x 41,0 cm

Inv. Nr. 1918:113

Staatliche Graphische Sammlung München

Dieser Blick auf Olevano war ein beliebtes Motiv unter den deutschen Künstlern des frühen 19. Jahrhunderts. Hier sei beispielsweise auf das Horny-Aquarell hingewiesen, das dort vier Jahre zuvor entstanden ist (vgl. Scheidig Nr. 286). Fries' Standpunkt ist höher und weiter vom Sujet entfernt als der von Horny; er schaut nämlich auf das ganze alte Stadttor »Porta Sambuco« und den Marktplatz mit dem Brunnen; im Vordergrund rechts stehen Häuser, die auf dem Aquarell Hornys nicht vorkommen. Bei Horny erscheint Olevano zwischen der rahmenden Vegetation wie eine Vision, wie das unbekannte Objekt einer lange gehegten Sehnsucht, das plötzlich vor Augen steht. Fries bleibt kühl und führt den Betrachter vorerst durch einen alltäglichen Vordergrund mit steinigem Weg, Terrainhang und nebensächlichem Buschwerk bis zu der schönen Aussicht. Er gibt die Architektur Olevanos mit einem sehr feinen Strich wieder und verzichtet auf eine diffuse Schraffur, die Pathos erzielen könnte. Die Darstellung wirkt somit extrem sachlich.                D.R.

Lit.: Wechssler 2000, WVZ 403

66

**KAT. NR. 67**  (Textabbildung S. 46)

Ernst Fries

Blick auf den Doppelgipfel des Monte Ruffo und

Costa Sol von Rocca San Stefano, (1826)

Bleistiftzeichnung, weiß gehöht auf grünem Papier,

44,4 x 64,6 cm

Inv. Nr. Z 5453

Kurpfälzisches Museum der Stadt Heidelberg

Die Zeichnung diente als Vorlage für das Gemälde WVZ 642.

Lit.: Wechssler 2000, WVZ 415

KAT. NR. 68

Ernst Fries

Bildstock bei Subiaco, (1826)

Aquarell über Bleistiftzeichnung, 20,1 x 24,5 cm

bez. u. l.: NSt

Inv. Nr. Z 3537

Kurpfälzisches Museum der Stadt Heidelberg

Der Bildstock der Jungfrau (cappellina della Vergine) befindet sich heute noch in situ am Stadtausgang von Subiaco vor einer riesigen Felswand am linken Rand der Straße, die zu den Benediktinerklöstern führt. Etliche Künstler aus den verschiedensten Ländern haben ihn in allen Techniken dargestellt. Es sei hier stellvertretend für alle die stimmungsvolle Darstellung des Amerikaners Samuel F. B. Morse, des Erfinders des gleichnamigen Alphabets erwähnt (vgl. Boston/Cleveland/Houston 1992–1993, Nr. 56). Mittels einer lockeren, zügigen Pinselführung gelingt es Fries, das bewegte Spiel von Licht und Dunkel sowohl am Manufakt als auch an der Felswand einzufangen, das die Sonne eines frühen Nachmit-

tags an einem klaren Oktobertag animiert. Wie oft bei ihm wird das eigentliche Sujet fokussiert, während das Umfeld in einer vagen Atmosphäre lediglich angedeutet bleibt. D. R.

Lit.: Wechssler 2000, WVZ 435

68

## 69

**Kat. Nr. 69**

Ernst Fries

Tivoli, der Anio unterhalb der Wasserfälle, 1826

Aquarell über Bleistiftzeichnung, 50,3 x 44,2 cm

bez. u. r.: Tivoli 18 Oct. 1826; u. l.: NSt

Inv. Nr. H 300

Graphische Sammlung im Städelschen Kunstinstitut,
Frankfurt am Main

Während seines Aufenthaltes in Tivoli im Herbst 1826 hat Fries zahlreiche Studien vor Ort betrieben und sich mehrfach – in Blei, Kohle, Aquarell – mit dem seit alters her wegen seiner wildromantischen Uferlandschaften und Wasserfälle berühmten Anio auseinander gesetzt; in dem in blaugrüner Gesamtfarbigkeit teilaquarellierten Blatt widmete er sich dem Abschnitt unterhalb der schon von den Klassikern gepriesenen Wasserfälle bei Tivoli, wo er sich bereits seinen Weg durch die baumreichen hoch aufragenden Felsen geschnitten hat.                                A. F.

Lit.: Wechssler 2000, WVZ 443

70

**KAT. NR. 70**

Ernst Fries

Ruinen der Villa Adriana bei Tivoli, 1826

Aquarell über Bleistiftzeichnung, 19,6 x 31,1 cm

bez. u. r.: Villa Adriana 20 Oct. 1826; u. l.: NSt

Inv. Nr. Z 427

Kurpfälzisches Museum der Stadt Heidelberg

Mit ungewöhnlicher Freiheit hat Fries die antike Ruine, das zwischen 125 und 133 n. Chr. erbaute Frigidarium der Hadrians-Villa bei Tivoli, nahezu in Farbe aufgelöst. Erkennbar ist nur noch verfallenes Mauerwerk und das dunkle Gewölbe des zentralen Raumes, durch das Licht einfällt und das Steinwerk und die Vegetation hell aufscheinen lässt. Üppiges Grün überwuchert innen wie außen die Architektur. In ihrer malerischen Schönheit ist sie durch die großzügige, zu den Seiten hin zunehmend freiere Aquarelltechnik als Teil der Landschaft erfasst, die von nahezu impressionistischer Gesamtwirkung ist. Ein Ausblick auf ihre Weite ist durch elegante, lichttransparente Zypressensilhouetten verstellt.  A.F.

Lit.: Wechssler 2000, WVZ 445; S. Tumidei, in Kat. Paris / Mantua 2001; S. 228 – 229

**KAT. NR. 71**

Ernst Fries

Tivoli, die Zypressen im Park der Villa d' Este, (1826)

Bleistiftzeichnung, 30,8 x 21,6 cm

Inv. Nr. Z 347

Kurpfälzisches Museum der Stadt Heidelberg

Die berühmte, einen schmalen Weg säumende Zypressengruppe aus dem Park der Villa d'Este in Tivoli hat Fries insgesamt dreimal in Zeichnungen festgehalten, hier in einer mehr auf die innere Baumstruktur gerichteten Detailstudie. Das Zypressenmotiv ist eines der beliebtesten Motive italienreisender Künstler gewesen – vor allem in der Zeit der Romantik.  A.F.

Lit.: Wechssler 2000, WVZ 450

**KAT. NR. 72**

Ernst Fries

Rom, Konstantinsbasilika auf

dem Forum Romanum, 1826

Kohlezeichnung auf blauem Papier, 28,2 x 37,6 cm

bez. u. r.: Rom 20. Nov. 1826; u. l.: NSt

Inv. Nr. 25346

Staatliche Graphische Sammlung München

Die im Bildzentrum erscheinende Konstantinsbasilika hat Fries durch die im Vorder- und Mittelgrund mit kraftvollen Kohleschraffuren angelegten tief liegenden Ausgrabungsfelder des Forum Romanum, auf die seitlich ein Wanderer blickt und in denen mehrere Säulenstümpfe liegen, weit in den Hintergrund gerückt.                                         A. F.

Lit.: Wechssler 2000, WVZ 473

72

**KAT. NR. 73**

Ernst Fries

Drei Zypressen an einem Brunnen, 1827

Bleistiftzeichnung, 36,1 x 27,1 cm

71

73

74

Inv. Nr. Z 348
Kurpfälzisches Museum der Stadt Heidelberg

Die mächtigen Bäume aus dem Park der Villa Borghese in Rom
sind von Fries überwiegend in Kontur festgehalten und nur
an wenigen Stellen ist die detaillierte Aststruktur zeichnerisch
beschrieben.                                                    A.F.

Lit.: Wechssler 2000, WVZ 487

**KAT. NR. 74**
Ernst Fries
Amalfi, Blick über einen Wachturm
auf S. Francesco, (1826/27)
Bleistift- und Federzeichnung mit Sepialavierung,
30,7 x 23,9 cm
bez. u. l.: NSt
Inv. Nr. H 314, Graphische Sammlung im Städelschen
Kunstinstitut, Frankfurt am Main

Die Zeichnung war vermutlich Vorlage für das Gemälde
WVZ 566.

Lit.: Wechssler 2000, WVZ 495

[**KAT. NR. 87**]
Ernst Fries
San Francesco bei Amalfi, 1828
Öl auf Eichenholz, 30,0 x 23,7 cm
bez. u. M.: EF 1828; verso: St. Francesco bei Amalfi/
von E. Fries/für Agnes (ursprünglich Hedwig)
von Kaas bestimmt
Inv. Nr. G 17594
Städtische Galerie im Lenbachhaus, München

Das 1212 gegründete und über einen langen Treppenaufgang
an der Steilküste bei Amalfi erreichbare Kapuzinerkloster San
Francesco war als Kloster-Hotel seit Beginn des 19. Jahrhun-

[87]

76

derts Unterkunft zahlreicher Italienreisender. Fries besuchte die Örtlichkeit zweimal und hielt das beliebte touristische Ziel von unterschiedlichen Blickwinkeln aus fest. Im Ölgemälde leitet er den Blick in starker Untersicht über einen von Felsblöcken verstellten Vordergrund mit Wachturm auf der rechten, von braunen Farbvaleurs bestimmten Bildseite diagonal zur Klosterarchitektur, während die linke, vornehmlich in blauen Farbnuancen gehaltene Bildseite den Ausblick auf die Meeresfläche und den von weißen Wolkenschleiern überzogenen Himmel gibt.     A. F.

Lit.: Wechssler 2000, WVZ 566

**KAT. NR. 75**  (Textabbildung S. 57)
Ernst Fries
Baumbestandener felsiger
Abhang mit Höhle, (1826/27)
Öl auf Papier auf Karton, 25,4 x 34,5 cm
Inv. Nr. G 198
Kurpfälzisches Museum der Stadt Heidelberg

Vgl. Textbeitrag Börsch-Supan, S. 57.

Lit.: Wechssler 2000, WVZ 497

Der von hellstem Sonnenlicht gestreifte Felsabhang ist mit Bäumen bestanden, deren lichtes herbstlich verfärbtes Blattwerk sich vor neutralem Himmel abzeichnet und in reizvollem Gegensatz zum massiven Felsgestein des Vordergrundes steht. Fries' ganze Aufmerksamkeit richtet sich in dem schlichten Naturausschnitt auf die beobachteten Licht- und Farbimpressionen der in leichter Untersicht gegebenen Felspartie. Sie ist von einer dünnen Vegetationsdecke überzogen, das darunter liegende helle Gestein wird aber sichtbar und sein plastisches Volumen in starken Kontrast zu der tief in den Felsen eingeschnittenen schwarzen Höhle gesetzt.   A.F.

**KAT. NR. 76**
Ernst Fries
Blick über Baumkronen, (1826/27)
Öl auf Papier auf Karton, 25,0 x 34,5 cm

77

Inv. Nr. G 189

Kurpfälzisches Museum der Stadt Heidelberg

Die unvollendete kleine Ölskizze mit dem Blick über die unspektakulären, in hellem Gegenlicht liegenden Baumkronen des Chigi-Parkes in Ariccia lässt Ernst Fries' Vorliebe für Freilichtbeobachtungen erkennen und sein ausgeprägtes Interesse an der malerischen Umsetzung der vor Ort beobachteten Farb- und Lichtphänomene, die er in den Notaten seiner Zeichnungen und Aquarelle für die angemessene künstlerische Umsetzung in Öl oft minutiös beschreibt.    A.F.

Lit.: Wechssler 2000, WVZ 498

**KAT. NR. 77**
Ernst Fries
Capri, die Blaue Grotte, 1826
Öl auf Leinwand, 21,3 x 28,7 cm
Inv. Nr. G 295
Kurpfälzisches Museum der Stadt Heidelberg

Im Jahr von Ernst Fries' 200. Geburtstag jährt sich auch die Entdeckung der Blauen Grotte auf Capri zum 175. Male, die dem Heidelberger zu danken ist und die Insel schnell zu einer der meistbesuchten Reiseziele für deutsche Künstler und Touristen werden ließ. Zusammen mit dem Dichter, Maler und Kunstschriftsteller August Kopisch, den Fries in Italien kennen gelernt hatte, tauchte er trotz der Bedenken der einheimischen Bevölkerung im August des Jahres in die durch Lichtbrechung von kristallfarbener blauer Farbe erfüllte Grotte, die dem Sehnsuchtsbegriff der Romantiker in besonderer Weise entsprach, und hielt den überwältigenden Eindruck erstmals in zwei Ölskizzen fest, von denen eine verschollen ist. Während der späteren Gemäldefassungen des Sujets von Künstlern wie C. von Kügelgen oder H. J. Fried Anfang der 30er-Jahre bereits das begehrte Touristenziel mit entsprechender Personenstaffage besetzt zeigen, klärt die einen ersten Eindruck skizzierende schlichte Ölskizze von Fries eher spontan die Raumverhältnisse und -proportionen des von Menschen noch unberührten felsigen braunen Höhleninterieurs.    A.F.

Lit.: Wechssler 2000, WVZ 499

78

**KAT. NR. 78**

Ernst Fries

Italienische Berglandschaft mit steinerner Brücke, 1827

Aquarell über Bleistiftzeichnung,

21,5 x 29,2 cm

bez. u. l.: EF (Monogramm) 27.

Inv. Nr. H 7346, Graphische Sammlung im Städelschen

Kunstinstitut, Frankfurt am Main

Das in der Ausgewogenheit der Komposition, der Herein-
nahme von Staffagefiguren und der technischen Ausführung

bildhaft geschlossene Aquarell deutet auf eine geplante Gemäldefassung hin.                                                A. F.

Lit.: Wechssler 2000, WVZ 516

**KAT. NR. 79**

Ernst Fries

Mannheim vom linken

Rheinufer, (1828)

Bleistiftzeichnung, 12,3 x 41,7 cm

79

bez. u. r.: E. Fries/Mannheim
Inv. Nr. Z 420, Kurpfälzisches Museum der Stadt Heidelberg

In seiner vom linken Rheinufer mit Blei zart angelegten Vedute, die Vorlage für eine von L. Kuntz ausgeführte und bei Artaria verlegte Kreidelithographie war (WVZ 824), zeigt Fries die in dichter Vegetation eingebetteten Hauptgebäude der Stadt.

A. F.

Lit.: Wechssler 2000, WVZ 548

82

**KAT. NR. 80**

Ernst Fries

Heidelberg, der gesprengte Turm des

Heidelberger Schlosses, (1828)

Bleistiftzeichnung,

26,6 x 43,3 cm

bez. u. r.: Ernst Fries

Inv. Nr. Z 3206

Kurpfälzisches Museum der Stadt Heidelberg

Aus Italien zurückgekehrt, wendet sich Fries wieder der »idealen Stadtlandschaft Heidelberg« zu und im besonderen der 1819/20 bereits in Zeichnungen und Lithographien künstlerisch gewürdigten Schlossruine. Das Porträt des gesprengten Turmes ist im Gegensatz zu seiner frühen, durch starke Untersicht überhöhten Aufnahme (WVZ 39) nun aus größerer Distanz gegeben und damit versachlicht. A. F.

Lit.: Wechssler 2000, WVZ 552

**KAT. NR. 81**

Ernst Fries

Heidelberg, Schlosshof, (1828)

Aquarell und Deckfarben über Bleistiftzeichnung,

38,9 x 50,0 cm

bez. verso l.: Ernst Fries

Inv. Nr. HZ 3525

Germanisches Nationalmuseum, Nürnberg

Die lavierte Aufnahme des Schlosshofes von 1819/20 (Kat. Nr. 6) mit seinem fast im Bildzentrum liegenden und damit herausgehobenen Torturm ist in der teilaquarellierten späteren, mit höherem Augenpunkt und verändertem Blickwinkel gezeichneten Schlosshofansicht – vom Ludwigsbau zur Brunnenhalle, zum Ruprechts- und Bibliotheksbau – einer eher Vegetation und Architektur gleichermaßen berücksichtigenden und damit versachlichten Ansicht gewichen. A. F.

Lit.: Wechssler 2000, WVZ 553

**KAT. NR. 82**

Ernst Fries

Neckargemünd mit Blick auf den Dilsberg, 1828

Bleistiftzeichnung, 29,5 x 48,7 cm

bez. M. l.: Neckargemünd den 26ten Sept 28

Inv. Nr. Z 372, Kurpfälzisches Museum der Stadt Heidelberg

Die feinteilige Zeichnung folgt in großzügigem weiten Bogen dem Flusslauf des Neckar auf den Dilsberg zu, vor dem zeichnerisch verdichtet das Städtchen Neckargemünd liegt, wo sich Fries während seiner Verlobungszeit mit der Pfarrerstochter des Ortes häufig aufhielt.　　　　A. F.

Lit.: Wechssler 2000, WVZ 557

**Kat. Nr. 83**
Ernst Fries
Neckargemünd mit Neckartal und Dilsberg, (1828)
Aquarell über Bleistiftzeichnung,
ca. 10,7 x 17,9 cm
Privatbesitz

Wie die Wolkenbildung am Himmel verrät, die sich hinter der Veste des Dilsberges hoch auftürmt und in der Flussschleife des teilweise durch die Uferzonen im Schatten liegenden Neckar widerspiegelt, sind beide Aquarelle – das eine bildhaft geschlossen, das andere durch Teilaquarellierung und nur flüchtig angelegten Vordergrund offen – unter gleichen meteorologischen Bedingungen entstanden und vom nahezu selben erhöhten Standpunkt aus aufgenommen. Dennoch ist die atmosphärische Wirkung der Neckartalland-

schaft durch das offenbar bewusst unterschiedliche warme und kalte Kolorit eine jeweils andere.　　　　A. F.

Lit.: Wechssler 2000, WVZ 558

**Kat. Nr. 84**
Ernst Fries
Blick vom Krähenbuckel bei
Neckargemünd auf den Dilsberg
und Neckarsteinach, 1828
Aquarell über Bleistiftzeichnung,
28,8 x 41,5 cm
Inv. Nr. Z 384
Kurpfälzisches Museum der Stadt Heidelberg

Lit.: Wechssler 2000, WVZ 559

**Kat. Nr. 85**　(Textabbildung S. 13)
Ernst Fries
Selbstbildnis, 1828
Bleistift- und Kohlezeichnung, 34,5 x 27,7 cm
bez. u. l.: EF. (Monogramm) Seiner Louise,
am Christtage/1828; verso auf Klebezettel;

83

84

No. 3 III Heinrich Fremerey.
Gezeichnetes Portrait von »Ernst Fries«
(hat sich selbst im Spiegel gezeichnet).
Privatbesitz

Das Selbstbildnis, das Fries seiner Braut zu Weihnachten
schenkte, wurde nach 1833 von Franz Hanfstaengel lithogra-
phiert.                                                      A. F.

Lit.: Wechssler 2000, WVZ 562

**Kat. Nr. 86**
Ernst Fries
Louise Stockhausen, verh. Fries, 1828
Kohle- und weiße Kreidezeichnung, 51,5 x 44,5 cm
bez. S. r. auf Ärmel: 27 Dec. 1828
Privatbesitz

Das eher idealisierende Porträt zeigt Louise Stockhausen,
die den Künstler 1829 in Neckargemünd heiratete und ihm
vier Kinder schenkte; sie war die Tochter des Neckargemün-

86

der Pfarrers Christian Gottlieb Stockhausen und seiner Ehefrau Christina.                                    A. F.

Lit.: Wechssler 2000, WVZ 563

**KAT. NR. 87** (Siehe S. 130)

**KAT. NR. 88**
Ernst Fries
Blick von Kleingemünd auf Neckargemünd, 1828
Öl auf Leinwand, 31,3 x 40,0 cm
Inv. Nr. 10132, Bayerische Staatsgemäldesammlungen,
München Neue Pinakothek

Dem in Komposition, Stimmung, Kolorit und Beleuchtung realistisch erfassten Landschaftsausschnitt aus dem Neckartal, in den vom linken Vordergrund ein breiter, von der Sonne beschienener Weg führt, entspricht eine unprätentiöse Figurenstaffage, die junge Mädchen und Frauen bei der heimatlichen Hanfernte beschreibt.                                    A. F.

Lit.: Wechssler 2000, WVZ 567

**KAT. NR. 89**
Ernst Fries
Heimkehrender Einsiedler
bei Mondschein, (1827/28)
Öl auf Holz, 22,0 x 17,0 cm

89

sung (30,0 x 24,0 cm) aus dem Besitz des Museums 1930 im Glaspalast München verbrannte. A.F.

Lit.: Wechssler 2000, WVZ 569

**KAT. NR. 90**
Ernst Fries
Das Aniotal bei Tivoli, (1827/28)
Öl auf Leinwand, 50,8 x 58,2 cm
Inv. Nr. G 299
Kurpfälzisches Museum der Stadt Heidelberg

Das Gemälde hat Fries mit einer im Oktober 1826 gefertigten Bleistiftzeichnung vorbereitet (WVZ 454). Es erfasst den Landschaftsausschnitt mit Blick auf Tivoli aber aus geringerer Distanz, womit ein dort von seitlicher Felswand herabstürzender Wasserfall hier unsichtbar bleibt. Der Betrachter folgt statt dessen dem ohne jede Dramatik und in einheitlich grün-braunen Farbvaleurs geschilderten Verlauf

Inv. Nr. G 190,
Kurpfälzisches Museum
der Stadt Heidelberg

Mit der italienischen Landschaft beim Kloster Santa Scolastica bei Subiaco, die den nächtlichen Schauplatz für das romantische Sujet des in seine hochgelegene Klause rückkehrenden Einsiedlers bildet, geht Fries deutlich hinter seine während des Italienaufenthaltes entwickelte wirklichkeitsnahe neue Sicht auf die Landschaft zurück. Stimmungsvoll verbirgt sich am wolkenreichen Himmel der Mond, dessen kaltem Licht das aus der einsamen Klosterklause schimmernde warme antwortet. Ein Jahr später malte Fries eine weitere Fassung des offenbar beim Publikum beliebten Themas (WVZ 570), während eine etwas großformatigere Fas-

90

des Anio, der zwischen hohen, baumbewachsenen Felsen im Schatten liegt. Ein auf der linken Seite eingefügter Vordergrund mit figürlicher Staffage deutet den niedrigen Betrachterstandpunkt an.                                   A. F.

Lit.: Wechssler 2000, WVZ 573

### Kat. Nr. 91

Ernst Fries
Stift Neuburg und das Neckartal, (1828/29)
Öl auf Leinwand, 27,5 x 38,5 cm
Inv. Nr. G 200
Kurpfälzisches Museum der Stadt Heidelberg

Von der sehr freien Aufnahme des heimischen Motives, mit dem Fries sich in Zeichnungen und Aquarellen intensiv auseinander setzte (vgl. Kat. Nr. 111), sind mehrere kleine Fassungen für die Familie und zur Dokumentation für den Künstler entstanden. Mit sparsamer Figurenstaffage folgt Fries der Flusstopographie vom leicht erhöhten felsigen Standpunkt der rechten Uferseite aus. Die jeweils unterschiedliche Bebauung und der Bewuchs beider Ufer – auf der rechten Seite das Stift mit umgebenden Feldern und Wiesen, auf der linken bewaldete Hänge und Häuser – sind wie die Farbveränderungen durch die Spiegelungen im Neckar wirklichkeitsnah wiedergegeben. A. F.

Lit.: Wechssler 2000, WVZ 580

[**KAT. NR. III**]
Ernst Fries
Blick auf Stift Neuburg von der
Ziegelhäuser Landstraße, 1833
Bleistiftzeichnung auf graubraunem Papier, 28,5 x 42,3 cm
bez. u. r.: den 15 t Juli 1833.
Inv. Nr. Z 428, Kurpfälzisches Museum der Stadt Heidelberg

Lit.: Wechssler 2000, WVZ 686

**KAT. NR. 92** (Textabbildung S. 76)
Ernst Fries
Heidelberg, Nordseite der Peterskirche, (1828/29)
Feder- und Bleistiftzeichnung mit Bisterlavierung,
21,0 x 29,0 cm
Inv. Nr. Z 3545
Kurpfälzisches Museum der Stadt Heidelberg

Trotz des eher unspektakulären Blickwinkels auf den Friedhof, auf dem der Künstler nach seinem überraschenden frühen Tod selbst bestattet wurde, bevor seine sterblichen Überreste zusammen mit denen seiner Frau Louise auf dem Heidelberger Bergfriedhof beigesetzt wurden, erhält die Zeichnung, die Vorlage für eine Kreidelithographie war (WVZ 774), durch das Trauerweiden-Motiv im Bildzentrum und die feine Bisterlavierung eine fast elegische Stimmung. A. F.

Lit.: Wechssler 2000, WVZ 586

[III]

**Kat. Nr. 93**

Ernst Fries

Heidelberg, Blick vom Riesenstein auf Schloss
und Neckartal, (1829)

Öl auf Leinwand, 24,0 x 32,5 cm

bez.: EF (Monogramm); verso: C. Winter/
Schloß Wolff, Fremerey/Ernst Fries

Privatbesitz


Das kleine Ölgemälde mit Blick vom Riesenstein auf das
Heidelberger Schloss lässt die hinter dunkel verschattetem
Felsvordergrund im Mittelgrund liegende Schloss- und
Stadtarchitektur nahezu ganz in der üppigen Vegetation
des lichterfüllten Neckartales aufgehen.          A. F.


Li.: Wechssler 2000, WVZ 589

**Kat. Nr. 94**  (Textabbildung S. 39)

Ernst Fries

Heidelberg, Schloss und Stadt von Osten
mit Blick auf die Rheinebene, 1829

Öl auf Leinwand, 58,0 x 76,0 cm

bez. u. l.: 18EF (Monogramm) 29

Inv. Nr. A I 225

Staatliche Museen zu Berlin, Nationalgalerie


Vgl. hierzu Textbeitrag Heckmann, S. 39 – 41.


Lit.: Wechssler 2000, WVZ 598

93

95

**KAT. NR. 95**

Ernst Fries

Heidelberg, Schloss und Stadt von Osten mit Blick
auf die Rheinebene, (1829)

Öl auf Leinwand, 23,5 x 32,5 cm

bez. verso: Nr. 2922, Fremerey (Ernst Fries)

Privatbesitz

Lit.: Wechssler 2000, WVZ 600

**KAT. NR. 96**

Ernst Fries

Heidelberg, Blick vom Philosophenweg
oberhalb der Hirschgasse auf Heidelberg,
(1828/29)

Bleistiftzeichnung,

32,7 x 41,9 cm

bez. u. r.: Ernst Fries

Inv. Nr. Z 421

Kurpfälzisches Museum
der Stadt Heidelberg

Die vermutlich als flüchtiges zeichnerisches Notat auf einer
Wanderung entstandene, aber unter bildkompositorischen
Aspekten ausgewählte Naturaufnahme gibt die Sicht auf die
weit in der Ferne liegende Stadt mit alter Brücke durch grob
schraffierte, nur im Umriss erfasste Bäume hindurch, die den
landschaftlichen Vordergrund bilden und den freien Blick
auf das Neckartal verstellen.                                       A.F.

Lit.: Wechssler 2000, WVZ 604

**KAT. NR. 97**

Ernst Fries

Sorrent mit dem Geburtshaus Tassos, (1828/29)

Öl auf Leinwand, 26,8 x 33,0 cm

Inv. Nr. G 318

Kurpfälzisches Museum der Stadt Heidelberg

Das auf der Steilküste mit Blick auf den Golf von Neapel bei Sorrent gelegene Geburtshaus des Dichters des »Befreiten Jerusalem«, Torquato Tasso, das 1840 bei einem Bergrutsch im Meer versank, war beliebtes Ziel von Dichtern – Byron, Stendhal – und Künstlern und nicht zuletzt seiner landschaftlichen Schönheit wegen auch von vielen Touristen geschätzt. Von Ernst Fries wurde es mehrfach in Zeichnungen festgehalten. Im Ölgemälde, das maßgleich mit dem 1930 im Münchener Glaspalast verbrannten Werk aus dem Besitz des Kurpfälzischen Museums ist, ist das Sujet im Vordergrund erweitert durch Vegetation mit bilddominierendem Baumrepoussoir und im landschaftlichen Hintergrund stimmungsvoll gesteigert durch einen von der Abenddämmerung verfärbten Himmel.                                                                    A. F.

Lit.: Wechssler 2000, WVZ 613

**KAT. NR. 98**

Ernst Fries

Küste von Capri mit Blick
auf die Faraglioni, (1829/30)

Öl auf Leinwand, 27,5 x 38,5 cm

Inv. Nr. 929, Staatliche Kunsthalle Karlsruhe

Der durch aufziehende Wolken dramatisierten Felsenküste Capris geht eine Bleistiftzeichnung von 1826 (WVZ 389) und ein Karton mit sepialavierter Federzeichnung (WVZ 615) voraus. Das beliebte Motiv der vor der Südküste gelegenen drei-

96

144

97

teiligen Felsklippen der Faraglioni, die als Silhouetten aus dem Meer auftauchen, hat Fries auch im Gemälde in den Hintergrund der rechten Bildseite treten lassen. Sein eigentliches Interesse gilt dem schroffen Küstenabschnitt selbst, dessen

Felsen er auf der linken Bildseite fast bis zum oberen Bildrand reichen lässt.

A. F.

Lit.: Wechssler 2000, WVZ 616

98

100

**KAT. NR. 99** (Textabbildung S. 53)

Ernst Fries

Italienische Ideallandschaft, 1830

Öl auf Leinwand, 79,0 x 104,0 cm

bez. u. l.: E. Fries 1830

Inv. Nr. G 195

Kurpfälzisches Museum der Stadt Heidelberg

Vgl. hierzu Textbeitrag Börsch-Supan, S. 53 – 58.

Lit.: Wechssler 2000, WVZ 625

**KAT. NR. 100**

Ernst Fries

Der Obersee bei Berchtesgaden, (1829/30)

Öl auf Leinwand, 28,5 x 38,5 cm

Inv. Nr. G 199

Kurpfälzisches Museum
der Stadt Heidelberg

Die kleinformatige Hochgebirgslandschaft ist in ihrer Wirkung stark dramatisiert durch dunkel heraufziehende Wolken, durch die in einer diagonalen Bahn helles Licht auf die Schneefelder der im Hintergrund aufragenden und teilweise durch Wolkenbänke verdeckten steilen Felswände der Salzburger Alpen fällt und punktuell auf den tief vor ihnen liegenden blaugrünen Bergsee. Ihn hatte bereits Fries' Heidelberger Künstlerfreund C. Rottmann 1825/26 in einem Aquarell und folgenden Ölgemälde nahsichtig porträtiert.　　　A. F.

Lit.: Wechssler 2000, WVZ 626; Kat. Heidelberg/
München, Abb. 20 – 21, S. 121 – 122

**KAT. NR. 101**

Ernst Fries

Leoni am Starnberger See, (1829/30)

Öl auf Holz, 10,6 x 14,1 cm

Inv. Nr. G 297

Kurpfälzisches Museum der Stadt Heidelberg

Von dem kleinen, während des Münchener Aufenthaltes von Fries entstandenen Ausschnitt des Starnberger Sees – eine in zügiger Malweise und drei hintereinander gestaffelten Bildgründen angelegte blaugrüne Landschaft, die S. Wechssler als »Muster« für eine geplante größere Gemäldefassung anspricht – existiert eine zweite Holztafel von 1831. Mit zwei weiteren Darstellungen süddeutscher Seen und drei italienischen Landschaften wurde diese zu einem Sammelbild zusammengefasst (WVZ 655).	A.F.

Lit.: Wechssler 2000, WVZ 627

101

**Kat. Nr. 102**

Ernst Fries

Ariccia, Bäume im Park der Villa Chigi, 1830

Öl auf Eichenholz, 19,2 x 27,0 cm

bez. u. r.: EF 1830

Inv. Nr. G 191, Kurpfälzisches Museum der Stadt Heidelberg

Fries wählt für seine kleine Ölfassung des verwilderten Parkes einen engen, sich zum Meer nach hinten hin öffnenden Bildausschnitt, der im Vordergrund durch moos- und pflanzenüberwachsene Felsblöcke zugestellt ist, auf denen sich als zentrales Bildmotiv ein vom Bildrand stark überschnittener und schräg gewachsener dreistämmiger Baum auf mächtigen Wurzeln festhält. A. F.

Lit.: Wechssler 2000, WVZ 634

102

105

**KAT. NR. 103** (Textabbildung S. 56)

Ernst Fries

Blick auf die Burg von Massa und den Golf

von La Spezia, 1830

Öl auf Leinwand, 46,5 x 61,5 cm

bez. u. l.: EF 18.30

Museum Oskar Reinhart am Stadtgarten, Winterthur

Vgl. Textbeitrag Börsch-Supan, S. 54 f.

Lit.: Wechssler 2000, WVZ 636

**KAT. NR. 104** (Textabbildung S. 47)

Ernst Fries

Römische Gebirgslandschaft

(Blick auf die Mammellen mit

dem Ort Rocca Santo Stefano in den

Aequerbergen), (1828/30)

Öl auf Leinwand, 74,0 x 100,0 cm

Gal. Nr. 2649

Galerie Neue Meister, Staatliche

Kunstsammlungen Dresden

Zu dem in Deutschland ausgeführten Werk hat Fries als Vorlage die Studien herangezogen, die Ende September 1826 auf der Wanderung von Olevano nach Subiaco entstanden sind. Für die Gesamtanlage benutzt er die Zeichnung »Blick auf die Mammellen mit dem Ort Rocca Santo Stefano davor« (WVZ 415). Die dunkle Felswand links (Morra Vallea) entnimmt er der Zeichnung »Landschaft bei Civitella mit Blick nach den Mammellen« (WVZ 418). Der Einfluss J. A. Kochs sowohl in der Konzeption als auch in der Tektonik des Bildes – dunkler Vordergrund und mehrere in verschiedenen Tönen ineinander übergehende Gründe – ist nicht zu leugnen. Die Nr. 6 und 14 der »Römischen Radierungen« (1810) Kochs hat Fries ebenfalls berücksichtigt (vgl. Olevano Romano 2000, Nr. 6, Nr. 14). Daraus entnimmt er die rahmende Funktion der Felswand links und der Esskastanie rechts, aber auch den Hirten mit dem Stock in der Hand hinter der

Herde sowie die Idee einer Staffage in der rechten Ecke. Bei Fries ist es zwar kein Jäger, sondern eine Frau, die einem Kind einen Zweig mit Kastanienigel reicht. Wie bei Koch das Saccotal, so wird hier das Aniotal mit Wasser gefüllt, um durch diese Vision des Meeres die Idee eines zeitlosen Arkadiens zu unterstreichen. D. R.

Lit.: Wechssler 2000, WVZ 642

**Kat. Nr. 105**
Ernst Fries
Rom, die Ruinen der Praetorianerkaserne
des Hadrian, (1831)

Öl auf Holz, 10,6 x 14,1 cm
Inv. Nr. G 296
Kurpfälzisches Museum der Stadt Heidelberg

Von der kleinen Holztafel, die einer zeitgleichen größeren vorausging (WVZ 654), existiert eine weitere Fassung, die zu einem 6-teiligen Landschaftssammelbild gehört (WVZ 655). Die von Vegetation stark überwachsene ruinöse Hadrianische Architektur erscheint auf der rechten Bildseite unter dunkel bewölktem Himmel, während die linke vom romantischen Vergänglichkeitsmotiv eines kahlen Baumstammes durchschnitten wird. A. F.

Lit.: Wechssler 2000, WVZ 653

106

**KAT. NR. 106**

Ernst Fries

Blick von der Serpentara nach

Civitella bei Abendstimmung, 1831

Öl auf Leinwand, 48,0 x 64,5 cm

bez. u. r.: E. Fries 1831

Inv. Nr. 2311

KUNSTMUSEUM DÜSSELDORF im EHRENHOF

Das aus der Münchner Zeit stammende Gemälde ist eine Replik eines Motivs (WVZ 568), das Fries bereits um 1828 auf einer kleinen Holztafel gemalt hatte, die wegen der Frische sowie der differenziert artikulierten Farben sicherlich in Italien entstanden ist. Dargestellt ist der Blick auf Civitella von Norden (vgl. WVZ 410 recto). Die Düsseldorfer Komposition behält größtenteils die landschaftliche Anlage, wobei die naturalistische Wiedergabe der Licht- und atmosphäri-

schen Verhältnisse einer idealisierenden Nivellierung zum Opfer fällt. An Stelle der lebendigen, realistischen Szene der zwei Holzfäller mit Kind im Vordergrund tritt durch eine gestellte Mönchsstaffage mit einem imaginären Kloster – das Gebäude ist identisch mit der Basilika von St. Elia unterhalb des Ortes Castel St. Elia im Norden Latiums – eine religiöse Zutat ins Bild, die jedoch Nebensache bleibt und der ganzen Darstellung keine spirituelle Signifikanz zu verleihen vermag. Fries, der für Klösterdarstellungen etwas übrig hatte, war beim Anblick dieser eigenartigen, in den Himmel aufragenden Felsspitze offenbar die asketische Valenz dieser Gegend aufgefallen. Ganz in der Nähe befindet sich rechts nebenan im Tal ein kleines Franziskanerkloster, das er allerdings durch die würdigere Basilika ersetzt, da sie sich besser in den Charakter der Landschaft einfügt.                    D. R.

Lit.: Wechssler 2000, WVZ 656

**Kat. Nr. 107**

Ernst Fries

Landschaft bei Olevano mit
dem Monte Serrone, (1830/31)

Öl auf Holz, 27,0 x 38,0 cm

bez. u. l. auf einem Stein: E.F. (Monogramm)

Inv. Nr. 85

Museum der Bildenden Künste Leipzig

Von dem Monte Serrone haben die Künstler seit Mechau (1784) in unzähligen Arbeiten und in verschiedenen Techniken immer die Gesamtansicht gegen Südosten wiedergegeben. Der schlichte Fries zerstört hingegen die romantische Einfühlung, indem er den wuchtigen Berg beinahe halbiert und seine Aufmerksamkeit auf den westlichen Hang lenkt, dessen zernagte Beschaffenheit und Unfruchtbarkeit er mit einem nahezu einheitlichen Farbton treffend darstellt. Darin nimmt er die delikate sanfte Tönung vorweg, mit der Carl Schuch knapp fünfzig Jahre später eben nur diesen Teil des Berges wiedergibt. Außerdem versperrt er den Sehnsucht evozierenden Horizont, indem er ins Zentrum der Darstellung einen lieblichen Eichenhain setzt; dadurch kommt Gleichgewicht und Rhythmus in die Darstellung, wobei die imposanten Massen der Bergketten, die das Saccotal säumen, ihre Prävalenz verlieren. Auch darin antizipiert Fries einige Vertreter der Düsseldorfer Schule und dänische Künstler.  D. R.

Lit.: Wechssler 2000, WVZ 662

109

**KAT. NR. 108**

Ernst Fries

Der Gossenbrunnen bei Heidelberg, (1832)

Öl auf Leinwand, 26,0 x 34,0 cm

Privatbesitz

Die lichterfüllte, unvollendete Naturaufnahme des Gossenbrunnen bei Heidelberg, an dem sich unter dem Blätter-
dach Schatten spendender Bäume ein Paar mit Hund niedergelassen hat, ist in ihrer Unmittelbarkeit von fast impressionistischer Wirkung. Fries hat die flüchtigen Lichtreflexe im
Blattwerk und Stamm der Laubbäume, auf dem Waldboden
und im Brunnenwasser in einem frischen grünen Kolorit
zusammengefasst, das auf die Farbpalette eines W. Trübner
vorausweist.                                           A. F.

Lit.: Wechssler 2000, WVZ 667

**KAT. NR. 109**

Ernst Fries

Wasserfall des Grobbachs bei Geroldsau, 1832

Öl auf Leinwand, 25,0 x 37,8 cm

bez. u. r.: den 8ten Sept. 1832.

Inv. Nr. G 1949

Kurpfälzisches Museum

der Stadt Heidelberg

In seiner vor der Natur mit schnellen Pinselstrichen erfass-
ten, die räumliche Situation klärenden wirklichkeitsnahen
Aufnahme setzt Fries durch das topographisch benennbare
Bildmotiv des Wasserfalles allenfalls noch einen optischen
Akzent in das die unvollendete Ölskizze dominierende braun-
grüne Kolorit umgebender Felsen, Büsche und Bäume. A. F.

Lit.: Wechssler 2000, WVZ 669

110

**Kat. Nr. 110**

Ernst Fries

Weg am Waldsaum mit Blick in eine Ebene, (1832)

Bleistiftzeichnung mit Weißhöhung

auf blaugrauem Papier, 42,1 x 56,2 cm

Inv. Nr. Z 437

Kurpfälzisches Museum der Stadt Heidelberg

Parallel zu den schnellen Mitschriften seiner spontanen Natur-erfahrungen, mit denen Fries in Öl für sich die jeweiligen bildräumlichen Verhältnisse klärt und die flüchtigen Licht-impressionen fixiert, zeichnet er in stupender Detailgenauig-keit landschaftliche Details, wie hier das üppige Blattwerk von Bäumen, die einen in die Ebene führenden Weg säu-men.                                                                                       A. F.

Lit.: Wechssler 2000, WVZ 682

**Kat. Nr. 111** (siehe S. 141)

**Kat. Nr. 112**

Ernst Fries

Feldweg mit Brücke, 1833

Aquarell über Bleistiftzeichnung auf

graubraunem Papier, 18,0 x 41,1 cm

bez. u. r.: 18 Juny 1833

Inv. Nr. Z 3162

Kurpfälzisches Museum der Stadt Heidelberg

Eine weibliche Staffagefigur, die auf einem Feldweg vom Vor-der- zum dahinter abfallenden Mittelgrund schreitet, lässt den Blick des Betrachters in die sonnenüberflutete weite Ebene wandern, wo eine zweite Gestalt ihren Weg in den Bildhinter-grund fortzusetzen scheint. Tiefenraum schafft ein Baum-repoussoir im großzügig angelegten Vordergrund, wo Fries das in flüssigem zeichnerischen Duktus entwickelte Land-schaftskontinuum mit der Beschreibung der ruinösen un-spektakulären Brunnenarchitektur verdichtet.                   A. F.

Lit.: Wechssler 2000, WVZ 687

**KAT. NR. 113**

Ernst Fries

Die evangelische Kirche in Rohrbach bei Heidelberg, 1833

Aquarell über Bleistiftzeichnung auf ockerfarbigem Papier,

25,2 x 33,6 cm

bez. u. l.: den 17. Juli 1833.

Inv. Nr. Z 300

Kurpfälzisches Museum der Stadt Heidelberg

Bezeichnenderweise richtet sich das künstlerische Interesse
von Fries nicht auf die Rohrbacher Kirchenarchitektur. Vielmehr hat er den Blick darauf durch rückseitige Fachwerkar-

113

114

chitekturen, gestapeltes Baumaterial und unwegsames Gelände verstellt, das er, unterstützt vom ockerfarbenen Papierträger, atmosphärisch dicht zu beschreiben versteht. A.F.

Lit.: Wechssler 2000, WVZ 688

**KAT. NR. 114**
Ernst Fries
Stift Neuburg von der Teufelskanzel, 1833
Aquarell über Bleistiftzeichnung

auf braunem Papier, 42,5 x 58,4 cm
bez. u. r.: Ende Juli 1833.
Inv. Nr. Z 419
Kurpfälzisches Museum der Stadt Heidelberg

Dem für die Romantik so wichtigen neckaraufwärts bei Heidelberg gelegenen Stift hat sich Fries mehrfach künstlerisch genähert. U. a. lithographierte er im Auftrag von Friedrich Schlosser, der es 1825 erworben und zu einem Treffpunkt romantisch-katholischer Maler, Dichter und Musiker gemacht hatte, eine Serie von sechs Ansichten des Stiftes (vgl. Text-

115

beitrag Roth, S. 75 f.). Hier ist die Anlage vom gegenüberlie-genden Steilufer, der sogenannten Teufelskanzel, aus aufge-nommen, deren Vordergrund dominierende, von Büschen und Bäumen überwachsene Felsen der Klosteransicht eine gewisse Dramatik verleihen. A. F.

Lit.: Wechssler 2000, WVZ 689

Waldfolie auf dem Boden liegende abgesägte und abgestor-bene Baumstümpfe, auf deren verwitterte Struktur und vom Sonnenlicht intensivierte Farbigkeit sich sein künstleri-sches Interesse richtet. A. F.

Lit.: Wechssler 2000, WVZ 691

**KAT. NR. 115**
Ernst Fries
Studie zu Baumstümpfen im Wald bei Bammental, 1833
Aquarell über Bleistiftzeichnung, 10,6 x 26,6 cm
Inv. Nr. Z 382, Kurpfälzisches Museum der Stadt Heidelberg

In ungewöhnlich schmalem Bildausschnitt porträtiert Fries naturnah vor einer nur flüchtig angedeuteten aquarellierten

**KAT. NR. 116**
Ernst Fries
Das Elsenztal mit der alten Bammentaler Kirche, (1833)
Aquarell über Bleistiftzeichnung, 29,1 x 41,3 cm
Inv. Nr. Z 385
Kurpfälzisches Museum der Stadt Heidelberg

Fries beschränkt sich in der teilaquarellierten Landschaftsauf-nahme auf nur wenige Farbstufen, die er aber in reichen

Nuancierungen differenziert. Sein Blick richtet sich dabei nur peripher auf das tief liegende Elsenztal mit der Kirchenarchitektur. Wie so oft beobachtet er vielmehr nahsichtig die von Vegetation überwachsenen schlichten Felsstrukturen des Vordergrundes. A. F.

Lit.: Wechssler 2000, WVZ 693

**KAT. NR. 117**
Ernst Fries
Der Reutenberger Brunnen, 1833
Bleistiftzeichnung mit Bisterlavierung
auf graubraunem Papier,
41,2 x 28,5 cm
bez. o. r.: Der Reutenberger Brunnen,
am 11ten Aug: 1833
Inv. Nr. Z 299
Kurpfälzisches Museum der Stadt Heidelberg

Lit.: Wechssler 2000, WVZ 695

117

**KAT. NR. 118**
Ernst Fries
Wasserfälle des Liri bei Isola, 1833
Öl auf Leinwand,
48,5 x 65,2 cm
bez. u. r.: E Fries 1833
Inv. Nr. WAF 279
Bayerische Staatsgemäldesammlungen München,
Neue Pinakothek

Fries hatte den seiner Lage auf einer Flussinsel und seiner Papiermühlen wegen bei Touristen und Künstlern beliebten Ort in der Provinz Caserta im September 1826 besucht und in einer aquarellierten Bleistiftzeichnung den klassischen Landschaftsaufbau festgehalten. Sie wurde Vorlage für die in Aufbau und Ausführung konservative Ölgemäldefassung, die vom Architekten Klenze erworben wurde. A. F.

Lit.: Wechssler 2000, WVZ 702

**KAT. NR. 119**
Ernst Fries
Blick über Neapel auf
den Golf, (1833)

118

Öl auf Leinwand, 52,5 x 65,0 cm

München, Privatbesitz

Der Blick geht vom Posilipo über die hinter unwegsamem

felsigen Gelände eines tief liegenden Vordergrundes am Golf

in hellem Licht liegende Stadt Neapel auf den unter nahezu

wolkenlosem hohen Himmel liegenden Vesuv, Monte Faito

und die Landzunge von Sorrent.                          A. F.

Lit.: Wechssler 2000, WVZ 706 a

119

120

**Kat. Nr. 120**

Ernst Fries

Schwalbennest und Hinterburg bei Neckarsteinach
vom Fuße des Dilsbergs aus gesehen, 1833
Bleistiftzeichnung auf grauem Papier, 24,4 x 31,2 cm
Inv. Nr. Z 430
Kurpfälzisches Museum der Stadt Heidelberg

Lit.: Wechssler 2000, WVZ 708

**Kat. Nr. 121**

Ernst Fries

Bachlauf von Wiesen und Bäumen umstanden,
im Mittelgrund Hirte mit Kühen
Bleistiftzeichnung mit Tuschlavierung auf braunem Papier,
46,3 x 30,0 cm
Inv. Nr. Z 367
Kurpfälzisches Museum der Stadt Heidelberg

Lit.: Wechssler 2000, WVZ 710

121

# LITERATUR

**Amann/Theilmann**

Staatliche Kunsthalle Karlsruhe – Kupferstichkabinett.
Die deutschen Zeichnungen des 19. Jahrhunderts.
Bearb. von Edith Amann und Rudolph Theilmann,
2 Bde, Karlsruhe 1978

**Andresen**

Andreas Andresen, Die deutschen Maler-Radirer (Peintre-
Graveurs) des neunzehnten Jahrhunderts nach ihren
Leben und Werken, Leipzig 1866 – 74 (Nachdruck
Hildesheim/New York 1971)

**Bailey**

Ashmolean Museum Oxford. Catalogue of the Collection
of Drawings, Vol. V German nineteenth-century drawings.
By Colin J. Bailey, Oxford 1987

**Benz/von Schneider**

Richard Benz/Arthur von Schneider, Die Kunst der deutschen
Romantik, München 1939

**Bergsträsser**

Gisela Bergsträsser, Johann Heinrich Schilbach.
Ein Darmstädter Maler der Romantik, Darmstadt 1959

**Bernhard**

Marianne Bernhard, Deutsche Romantik,
Handzeichnungen, 2 Bde, München o. J.

**Bott**

Elisabeth Bott, Ernst Fries (1801 – 1833), Studien
zu seinen Landschaftszeichnungen,
Diss. Heidelberg 1976, Leverkusen 1978

**Czymmek**

Götz Czymmek, »Ihm gleichend bringt die
Zeit uns keinen wieder«–. Zum Erwerb eines
Gemäldes von Ernst Fries für das Wallraf-Richartz-
Museum. In: Kölner Museums-
Bulletin 3/1991, S. 35 – 40

**Donop**

Katalog der Handzeichnungen, Aquarelle und Oelstudien
in der königlichen National-Galerie. Bearbeitet von Lionel
von Donop, Berlin 1902

**Galassi**

Peter Galassi, Corot in Italien. Freilichtmalerei
und klassische Landschaftstradition, München 1991

**Gauss**

Die Zeichnungen und Aquarelle des 19. Jahrhunderts
in der Graphischen Sammlung der Staatsgalerie
Stuttgart. Bestandskatalog bearb. von Ulrike Gauss,
Stuttgart 1976

**Geismeier**

Willi Geismeier, Die Malerei der deutschen
Romantik, Dresden/Stuttgart 1984

**Gravenkamp**

Curt Gravenkamp, Ernst Fries. 1801 – 1833.
Sein Leben und seine Kunst. Phil. Diss.
Frankfurt/Main 1925

**Gravenkamp**

Curt Gravenkamp, Ernst Fries. Ein Beitrag zur
Bildkunst der Romantik. In : Cicerone 17, 1925,
S. 1069 – 1081

**Jensen 1978**

Jens Christian Jensen, Aquarelle und Zeichnungen
der deutschen Romantik, Köln 1978

**Jensen 2000**

Jens Christian Jensen, Rezension zu Sigrid Wechssler,
Ernst Fries (1801 – 1833), in: Weltkunst 3, 2001,
S. 455

**Koester**

Christian Koester, Gedankenblätter über
Kunst. Heft II, Heidelberg 1834

**Lauts/Zimmermann**

Staatliche Kunsthalle Karlsruhe. Katalog Neuere Meister.
19. und 20. Jahrhundert. Bearb. von Jan Lauts und Werner
Zimmermann, 2 Bde, Karlsruhe 1971/72

**Lohmeyer**

Karl Lohmeyer, Heidelberger Maler der Romantik,
Heidelberg 1935

**Märker/Pohl**

Peter Märker mit Klaus-D. Pohl. Der Traum vom Süden –
Johann Heinrich Schilbach (1798 – 1851). Zeichnungen,
Aquarelle, Ölstudien und Gemälde, Heidelberg 2000

**Malerische Ansichten**

Malerische Ansichten des Rheins, der Mosel, der Haardt,
und/des Taunusgebürges/Gezeichnet von Fries, Kunz,
Rottmann, Roux u. Xeller – Gestochen von/Geisler,
Hegy, Kunz, Schilbach u. Schnell/Mit einen kurzen
Texte./Heidelberg,/bei Joseph Engelmann (o. J.) (ca. 1823)

**Poensgen**

Georg Poensgen, Ernst Fries. Zur Gedächtnis-
Ausstellung im Kurpfälzischen Museum anläßlich
seines 150. Geburtstages am 22. Juni. In: Heidelberger
Fremdenblatt Nr. 8, 1952

**Riccardi**

Domenico Riccardi, Gli artisti romantici
tedeschi del Ottocento a Olevano Romano/
Deutsche romantische Künstler des frühen
19. Jahrhunderts in Olevano Romano, Milano 1997

**Richter 1887**

Adrian Ludwig Richter, Lebenserinnerungen
eines deutschen Malers. Hrsg. von H. Richter,
Frankfurt/Main 1887

**Richter 1989**

Dieter Richter, Alla ricerca del Sud. Tre secoli

di viaggi ad Amalfi nell immaginario europeo;
a cusa di Dieter Richter, Firenze 1989

**Robels**

Hella Robels, Sehnsucht nach Italien. Bilder
deutscher Romantiker, München 1974

**Scheffler**

Gisela Scheffler, Rezension zu: Sigrid Wechssler, Ernst Fries (1801 –
1833), in: Kunstchronik 7, 2001, S. 300 – 303

**von Schneider**

Arthur von Schneider, Badische Malerei
des 19. Jahrhunderts, Karlsruhe 1968

**Schulte-Arndt**

Monika Schulte-Arndt, Vom Klassizismus zur Spätromantik.
Zeichnungen und Aquarelle 1770 – 1860. Bd. 2/1 der Reihe Zeichnungen und Aquarelle des 19. Jahrhunderts der Kunsthalle Mannheim. Hrsg. von Manfred Fath, Berlin 1997

**Schultze**

Jürgen Schultze, Heinrich Fried und die Blaue Grotte von Capri,
Wallraf-Richartz-Jahrbuch Bd. 35, S. 353 – 366, Köln 1973

**Schuster**

Carl Blechen. Zwischen Romantik und Realismus. Hrsg.
von Klaus Schuster, mit Beiträgen von Sigrid Achenbach,
Andreas Bärnreuther, Helmut Börsch-Supan, Lothar Brauner,
Brigitte Buberl, Barbara Rams-Schuhmacher, Gottfried Riemann,
Marie-Ursula Riemann-Reyher, Jutta Schenk-Sorge und Peter-
Klaus Schuster, München/Berlin 1990

**Verst. Fries 1859**

Verzeichnis einer sehr werthvollen Sammlung/von/
Original-Oelgemälden/älterer und neuerer Meister,/alten
Gobelins, Aquarellen, Handzeichnungen,/Kupferstichen
& Lithographien etc.,/welche zu/Heidelberg den 12.Januar
1859/und folgende Tage,/Vormittags von 9 – 12 Uhr
und Nachmittags von 2 – 4 Uhr,/in dem städtischen

Gebäude Plöckstraße Nro. 105 der Erbvertheilung/wegen
öffentlich versteigert werden. Heidelberg./Druck der
Verlags=Buchdruckerei von N. Adlon.– Kurpfälzisches
Museum der Stadt Heidelberg, Inv. Nr. Hs 66

**Wechssler**
Sigrig Wechssler, Ernst Fries (1801 – 1833). Monographie und
Werkverzeichnis, Heidelberg 2000

**Winkler**
Armin Winkler, Die Frühzeit der deutschen Lithographie,
München 1975

**Wolf**
Georg Jakob Wolf, Verlorene Werke deutscher
romantischer Malerei, München 1931

**Ausstellungskataloge:**

**Kat. Barcelona 1988**
Centre Cultural de la Fundació Caixa de Pensions,
Barcelona 1988/89. Entre la Illustració i el Romanticisme
1780 – 1850. Dibuixos i Aquarelles Alemanys a la
Kunsthalle de Mannheim

**Kat. Berlin 1906**
Ausstellung Deutscher Kunst aus der Zeit von 1775 – 1875 in der
Königlichen Nationalgalerie Berlin 1906, 2 Bde, München 1906

**Kat. Berlin 1976**
Katalog der Nationalgalerie Berlin, Verzeichnis der Gemälde und
Skulpturen des 19. Jahrhunderts, Berlin 1976

**Kat. Berlin 1986**
Katalog Galerie der Romantik, Nationalgalerie Berlin, Berlin 1986

**Kat. Berlin 1994**
Ahnung & Gegenwart. Zeichnungen und Aquarelle der
deutschen Romantik im Berliner Kupferstichkabinett. Bearb.

Gottfried Riemann mit Claudia Czok und Maria-Ursula
Riemann-Reyher, Staatliche Museen zu Berlin, Preußischer
Kulturbesitz 1994

**Kat. Bremen 1977**
Zurück zur Natur. Die Künstlerkolonie von
Barbizon. Ihre Vorgeschichte und ihre
Auswirkung, Kunsthalle Bremen 1977/78

**Kat. Bremen 1998**
Im Land der Sehnsucht. Mit Bleistift und Kamera durch Italien
1820 – 1880. Kunsthalle Bremen, Städtische Kunsthalle
Mannheim, Kunstsammlungen der Veste Coburg 1998

**Kat. Darmstadt 1989**
Italien in Zeichnungen und Aquarellen deutscher
Romantiker, Darmstadt 1989

**Kat. Dortmund 1956**
Blick aus dem Fenster. Ausstellung Museum
für Kunst und Kulturgeschichte, Dortmund 1956

**Kat. Düsseldorf 1965**
Handzeichnungen und Aquarelle des 19. Jahrhunderts
aus den Beständen des Kupferstichkabinetts im
Kunstmuseum Düsseldorf. Bearb. von Inge Markowitz
und Ekkehardt Schaar, Düsseldorf 1965

**Kat. Frankfurt 1971**
Städelsches Kunstinstitut Frankfurt am Main.
Die Gemälde des 19. Jahrhunderts. Hrsg. von Ernst
Holzinger und H. J. Ziemke, Frankfurt/Main 1971

**Kat. Heidelberg 1919**
Heidelberger Maler der Romantik. Ausstellungskat.
Kurpfälzisches Museum Heidelberg 1919

**Kat. Heidelberg 1927**
Ernst Fries 1801 – 1833. Landschaftsmaler aus
Heidelberg. Ausstellungskat. Kurpfälzisches
Museum Heidelberg 1927

**Kat. Heidelberg 1948**

Gemälde und Zeichnungen aus dem Besitz des
Kurpfälzischen Museums zu Heidelberg. Collegium
Academicum der Universität Heidelberg 1948

**Kat. Heidelberg 1965**

Schlösser – Burgen – Ruinen in der Malerei der Romantik.
Gemälde, Aquarelle und Graphik deutscher, österreichischer
und Schweizer Künstler 1770 bis 1860. Ausstellung
des Kurpfälzischen Museums im Ottheinrichsbau
des Heidelberger Schlosses, Heidelberg 1965

**Kat. Heidelberg 1975**

Ernst Fries. Gemälde, Aquarelle und Zeichnungen im Besitz
des Kurpfälzischen Museums Heidelberg. Bearb. Sigrid Wechssler,
Heidelberg 1975

**Kat. Heidelberg/München 1997 – 1998**

Landschaft als Geschichte. Carl Rottmann. 1797 – 1850.
Hofmaler König Ludwigs I. Hrsg. v. C. Heilmann und
E. Rödiger-Diruf. Ausstellungskat. Kurpfälzisches Museum
Heidelberg und Kunsthalle der Hypo-Kulturstiftung
1997 – 1998

**Kat. Kaiserslautern 1990**

Zeichnungen und Aquarelle der deutschen Romantik.
Pfalzgalerie Kaiserslautern 1990

**Kat. Karlsruhe 1965**

Romantiker und Realisten. Maler des 19. Jahrhunderts in Baden.
Badischer Kunstverein Karlsruhe, Karlsruhe 1965

**Kat. Karlsruhe 1966**

Deutsche Zeichnungen und Aquarelle des 19. Jahrhunderts
aus eigenem Besitz. Staatliche Kunsthalle Karlsruhe,
Karlsruhe 1966

**Kat. Karlsruhe 1988**

100 Zeichnungen und Drucke aus dem Kupferstichkabinett
der Staatlichen Kunsthalle Karlsruhe, Karlsruhe 1988

**Kat. Karlsruhe 1990**

Kunst in der Residenz. Karlsruhe zwischen Rokoko und
Moderne. Staatliche Kunsthalle Karlsruhe, Karlsruhe 1990

**Kat. Karlsruhe 1996**

Aquarelle 1800 – 1850. Ausgewählte Werke aus dem
Kupferstichkabinett der Staatlichen Kunsthalle Karlsruhe,
Karlsruhe 1996

**Kat. Köln 1973**

Sehnsucht nach Italien. Deutsche Zeichner im Süden 1770 – 1830.
Eine Ausstellung für Horst Keller zum 60. Geburtstag.
Wallraf-Richartz-Museum Köln 1973

**Kat. Köln 1984**

Heroismus und Idylle. Ausst. Kat. Wallraf-Richartz-
Museum Köln 1984

**Kat. Leipzig 1926**

Deutsch-Römische Malerei und Zeichnung 1790 – 1830.
Museum der bildenden Künste, Leipziger Kunstverein,
Leipzig 1926

**Kat. Lübeck 1957**

Die Bildniszeichnungen der deutschen Romantik. Bearb. von
J. Christian Jensen, Lübeck, St. Annen-Museum 1957

**Kat. Lübeck 1960**

100 Handzeichnungen und Graphische Blätter aus dem
Besitz eines Lübecker Sammlers. Museum für Kunst und
Kulturgeschichte der Hansestadt Lübeck – Behnhaus /
Drägerhaus 1960

**Kat. Lübeck 1972**

Deutsche Künstler zeichnen in Italien. Museum für Kunst
und Kulturgeschichte der Hansestadt Lübeck – Behnhaus /
Drägerhaus 1972

**Kat. Mainz 1991**

Zeichnungen und Aquarelle der deutschen Romantik.
Mittelrheinisches Landesmuseum Mainz 1991

**Kat. Mainz 1995**

Vor 100 Jahren. Mittelrheinisches Landesmuseum
Mainz 1995/96

**Kat. Moskau 1992**

Deutsche Zeichnungen und Aquarelle 1800 – 1920 aus der
Städtischen Kunsthalle Mannheim. Puschkin-Museum 1992

**Kat. München 1958**

Deutsche Zeichenkunst der Goethezeit. Handzeichnungen
und Aquarelle aus der Sammlung Winterstein, München,
München 1958

**Kat. München 1972**

Das Aquarell. 1400 – 1950. Haus der Kunst,
München 1972

**Kat. München 1979**

Landschaftsmalerei 1800 – 1850. Städtische Galerie im
Lenbachhaus, München 1979

**Kat. München 1982**

Neue Pinakothek München. Erklärungen zu den ausgestellten
Werken. Korrigierte und durch einen Nachtrag erweiterte
Ausgabe, München 1982

**Kat. München 1997**

Von Füssli bis Menzel. Aquarelle und Zeichnungen der
Goethezeit aus einer Münchener Privatsammlung. Bearb.
von Hinrich Sieveking, München/New York 1997

**Kat. Nürnberg 1966**

Klassizismus und Romantik in Deutschland. Germanisches
Nationalmuseum Nürnberg 1966

**Kat. Nürnberg 1977**

Deutsche Malerei im 19. Jahrhundert. Ausstellung
der Sammlung Georg Schäfer, Schweinfurt, im Germanischen
Nationalmuseum Nürnberg 1977

**Kat. Paris/Mantua 2001**

Paysages d'Italie. Les peintres du plein air (1780 – 1830).
Galeries nationales du Grand Palais, Paris, Centro
Internazionale d'Arte e di Cultura di Palazzo Te,
Mantua 2001

**Kat. Salzburg 1959**

Romantik in Österreich. Malerei und Graphik. Residenz-Galerie
Salzburg 1959

**Kat. Washington 1996**

In the light of Italy – Corot and Early Open-Air Painting.
Mit Beiträgen von Philip Conisbee, Sarah Faunce und Jeremy
Strick, Washington, New York, St. Louis 1996/1997, Yale 1996

# LEIHGEBER

Staatliche Museen zu Berlin – Preußischer Kulturbesitz,
Nationalgalerie

Staatliche Museen zu Berlin – Preußischer Kulturbesitz,
Kupferstichkabinett

Hessisches Landesmuseum Darmstadt

Museum für Kunst und Kulturgeschichte der Stadt Dortmund

Galerie Neue Meister, Staatliche Kunstsammlungen Dresden

museum kunst palast, Düsseldorf, Graphische Sammlung

Kunstmuseum Düsseldorf im Ehrenhof

Graphische Sammlung im Städelschen Kunstinstitut,
Frankfurt am Main

Hamburger Kunsthalle

Staatliche Kunsthalle Karlsruhe

Museum der bildenden Künste Leipzig

Städtische Kunsthalle Mannheim

Bayerische Staatsgemäldesammlungen, München
Neue Pinakothek

Staatliche Graphische Sammlung München

Städtische Galerie im Lenbachhaus, München

Germanisches Nationalmuseum, Nürnberg

Graphische Sammlung der Staatsgalerie Stuttgart

Museum Oskar Reinhart am Stadtgarten,
Winterthur

und

Privatbesitz

München, Privatbesitz

# PHOTONACHWEIS

Staatliche Museen zu Berlin – Preußischer Kulturbesitz,
Nationalgalerie
Photo: Jörg P. Anders, Berlin

Staatliche Museen zu Berlin – Preußischer Kulturbesitz,
Kupferstichkabinett
Photo: Jörg P. Anders, Berlin

Hessisches Landesmuseum
Darmstadt
Photo: S. Althöfer

Museum für Kunst und Kulturgeschichte
der Stadt Dortmund
Museumsphoto: Madeleine-Annette Albrecht

Staatliche Kunstsammlungen Dresden, Kupferstichkabinett
Photo: Schurz

Kunstmuseum Düsseldorf im Ehrenhof
Museumsphoto

museum kunst palast, Düsseldorf, Graphische Sammlung
Museumsphoto

Graphische Sammlung im Städelschen Kunstinstitut,
Frankfurt am Main
Photo: Ursula Edelmann, Frankfurt

Altonaer Museum in Hamburg –
Norddeutsches Landesmuseum
Museumsphoto

Hamburger Kunsthalle
Photo: Elke Walford, Hamburg

Staatliche Kunsthalle Karlsruhe
Museumsphoto

Museum der bildenden Künste Leipzig
Museumsphoto: Gerstenberger

Städtische Kunsthalle Mannheim

Bayerische Staatsgemäldesammlungen,
München Neue Pinakothek
Museumsphoto

Staatliche Graphische Sammlung München
Museumsphoto

Städtische Galerie im Lenbachhaus, München
Museumsphoto

München, Privatbesitz
Photo: Engelbert Seehuber, München

Germanisches Nationalmuseum, Nürnberg
Museumsphoto

Graphische Sammlung der
Staatsgalerie Stuttgart
Museumsphoto

Museum Oskar Reinhart am Stadtgarten,
Winterthur